東京きもの案内

著 雨宮みずほ

光村推古書院

はじめに

着物をはじめてから、困ったことのひとつにお店選びがありました。どこに行けば自分にぴったりの着物に出合えるのかわからず、雑誌を見ながら一軒一軒、都内のお店を訪ね歩きました。とはいえ、初心者にとって呉服屋さんの暖簾をくぐるのは、とても緊張するもの。お店のテイストや予算といった情報がひと目でわかるガイドブックがあったらいいな……

そんな思いから、東京の気軽に入れるおしゃれ着や普段着を扱う着物ショップを中心に、和装小物や履物店などをエリア別に紹介する本を作りました。

あなたの着物ライフにぴったりのお店が見つかるお手伝いができたら幸いです。

目次

※本書で掲載しているデータは2011年1月現在のものですので、掲載している商品が店頭にない場合もあります。
価格はすべて税込みです。住所や電話番号、営業時間、料金などは変更になることがありますので、ご了承ください。

また、お盆や年末年始はお休みになるお店も多いので、必ず電話で確認してからお出かけください。

エリア別 着物&小物 おすすめショップ

東京は、どこよりもたくさんの着物と出合える街。
歴史ある呉服店から、人気の着物ショップ、和装小物店、
履物店などをエリア別にマップ付きでご紹介。
自分だけのお気に入りのお店に出合えますように。

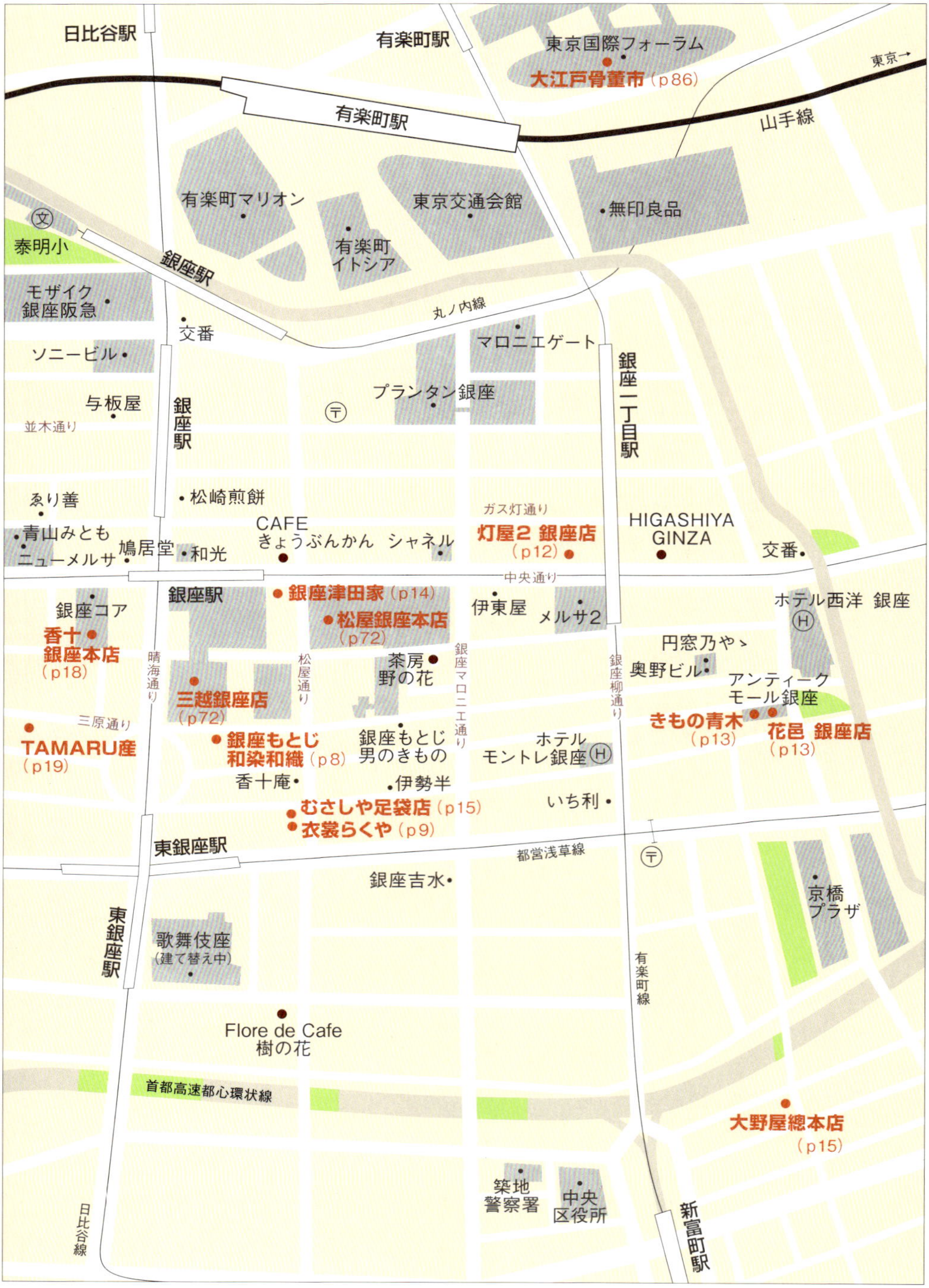

日比谷駅
有楽町駅
東京国際フォーラム
大江戸骨董市（p86）
東京→
有楽町駅
山手線
有楽町マリオン
東京交通会館
無印良品
有楽町
イトシア
泰明小
銀座駅
モザイク
銀座阪急
丸ノ内線
交番
マロニエゲート
ソニービル
銀座一丁目駅
プランタン銀座
与板屋
銀座駅
並木通り
松崎煎餅
ゑり善
ガス灯通り
灯屋2 銀座店
（p12）
HIGASHIYA
GINZA
CAFE
きょうぶんかん
シャネル
青山みとも
鳩居堂
和光
ニューメルサ
交番
中央通り
銀座駅
銀座津田家（p14）
伊東屋
ホテル西洋 銀座
銀座コア
松屋銀座本店
（p72）
メルサ2
香十
銀座本店
（p18）
円窓乃や
晴海通り
松屋通り
茶房
野の花
銀座マロニエ通り
銀座柳通り
奥野ビル
アンティーク
モール銀座
三越銀座店
（p72）
三原通り
きもの青木
（p13）
花邑 銀座店
（p13）
TAMARU座
（p19）
銀座もとじ
和染和織（p8）
銀座もとじ
男のきもの
ホテル
モントレ銀座
香十庵
伊勢半
いち利
むさしや足袋店（p15）
衣裳らくや（p9）
東銀座駅
都営浅草線
銀座吉水
京橋
プラザ
東銀座駅
歌舞伎座
（建て替え中）
有楽町線
Flore de Cafe
樹の花
首都高速都心環状線
大野屋總本店
（p15）
築地
警察署
中央
区役所
日比谷線
新富町駅

銀座

着物好きにとって、銀座は昔から特別な場所。高級呉服の老舗から、今注目の着物店、アンティークショップ、和装小物、履物、足袋の専門店が一堂にそろう上、日本中から選ばれた洗練された着物や、いきとどいた心地よいサービスに出合えるのも「銀座」ならではの魅力です。歌舞伎座（二〇一三年開場予定）や新橋演舞場での観劇も、お楽しみのひとつ。日常から一歩離れて、非日常の着物の世界を味わえる街です。

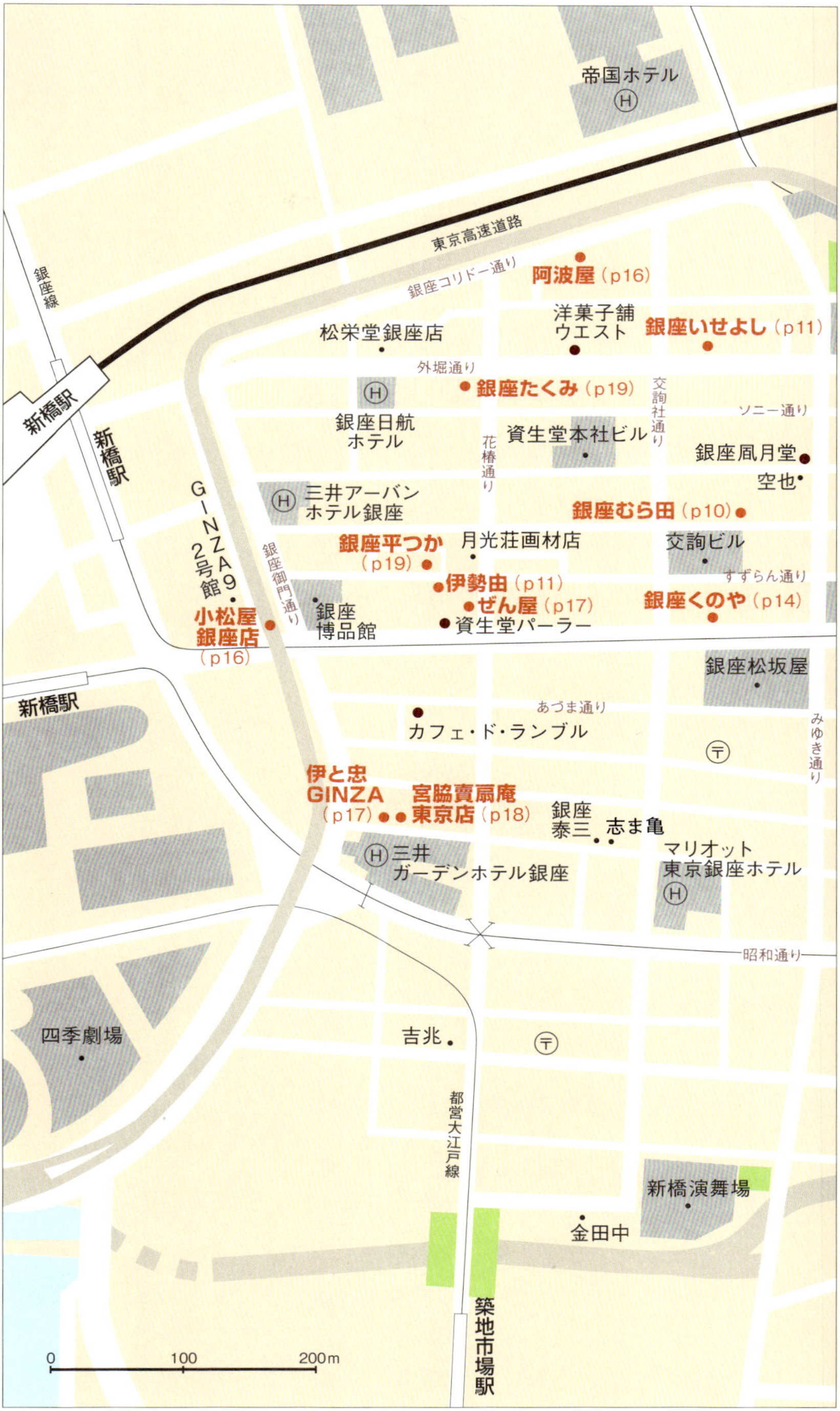

呉服界に新風を吹き込む人気店

銀座もとじ 和染 和織

ぎんざもとじ わせん わおり

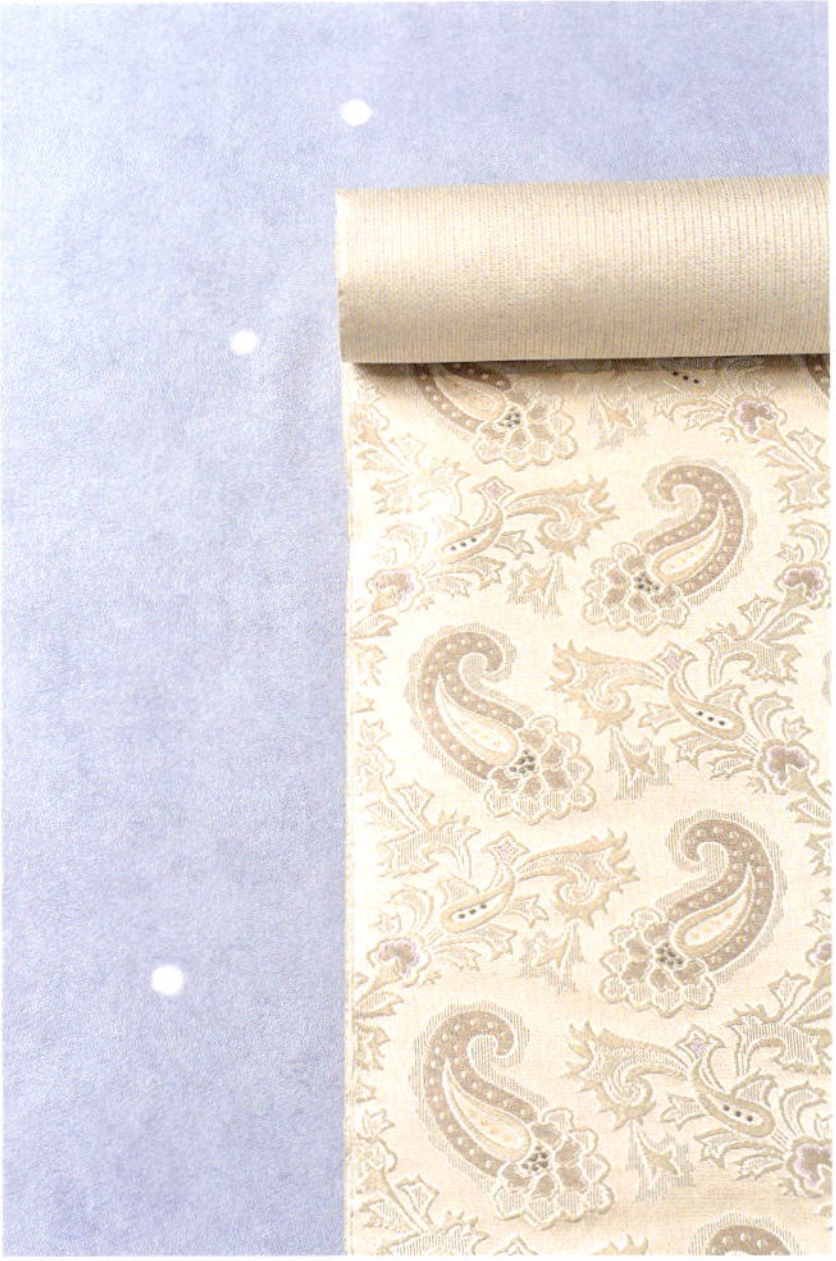

プラチナボーイを使用した籠絞り染め蛍ぼかし小紋350,000円、西陣織名古屋帯168,000円（2点とも仕立て込み）

銀座の着物店といえば、「銀座もとじ」と言われるほど人気のお店です。入りやすく親しみやすい雰囲気、洗練されたモダンなコーディネートは、今までの呉服店にあったハードルの高いイメージを一新し、着物をより身近なものにしてくれました。店内は、染め、織りをそれぞれ専門に扱った「和染」と「和織」。そして店主・泉二《もとじ》弘明《こうめい》さんが「顔のみえるものづくりをしたい」と作家さんや職人さんを招き、直接交流できる「ぎゃらりー泉」でなりたっています。

さらに、世界初のオスの蚕だけを使った絹糸「プラチナボーイ」のプロデュースをはじめ、銀座の柳を使った草木染や男の着物専門店（マップP.6）など、泉二さんの取り組みは次々と広がっています。呉服店の枠にとらわれない新しい発想は、全国の着物ファンを惹きつけています。

結城紬1,150,000円、草木染吉野間道帯580,000円（2点とも仕立て込み）

栓（せん）の木の一枚板と四国産の庵治石（あじいし）で作られた大きなテーブルが印象的な店内

- 03-3535-3888（和染）
- 03-3538-7878（和織）
- 中央区銀座4-8-12
- 11：00～19：00
- 無休
- http://www.motoji.co.jp/

イタリアのアプロジオ・エコ工房とコラボレーションしたオリジナルビーズバッグ巾着型。ゴールド・ブルーともに189,000円、シルバー174,300円

着物スタイリスト石田節子さんのお店

衣裳らくや《いしょうらくや》

真綿手織り草木染紬365,000円にオリジナルのウロコ柄の襦袢をあわせて。縮緬地の江戸更紗帯136,500円、ターコイズの帯留20,475円、帯揚げ3,150円

着物スタイリストとして活躍している石田節子さんのお店。ビルの一階から五階まで、リサイクルや仕立て上がり、お誂え、レンタルの着物、着付け教室と「着物のことなら何でも」そろっています。

「衣裳らくや」と言えば、紬の着物がお得意。白鷹や飯田、米沢、大島など全国各地の産地織物が充実しています。また、オリジナルの「季《き》の音《ね》」シリーズは、「無地の結城紬をベースに帯や八掛、小物の色使いで豊富なコーディネートを楽しんでもらいたい」と作られました。なかでも、江戸小紋の八掛は、着物からちらりとのぞくさりげなさが粋なおしゃれを演出。着物のほかにも帯留や根付などしゃれた遊び心を感じる小物もたくさんそろっています。

お店のドアを開けた瞬間から感じる和やかな空気。「どんどん着物を着て、触って、楽しんでもらいたい」という石田さんとスタッフの思いが伝わってきます。

ハサミや海老など小粋な柄がそろう「季の音（きのね）」シリーズの江戸小紋八掛。全15柄各31,500円

ガラスや象牙、シルバーなど帯留や根付もいろいろそろいます

- 03-3524-3288
- 中央区銀座4-10-1 ソカロ銀座
- 11：00〜19：00
- 無休
- http://www.rakuya.co.jp/

銀座むら田《ぎんざむらた》

確かな目で選ばれた逸品がそろう

銀座の名呉服店として知られる「むら田」。店主・村田あき子さんの上品な着物姿と自然な着こなしに憧れる人も多いのではないでしょうか。全国各地の紬など、織物の品ぞろえに定評がありますが、海外の古布を使った創作帯も着物好きの間で魅力的な逸品として知られています。ペルシャやインド、ジャワといった百数十年前の古更紗やイカットから作られるオリジナルの帯は、その長い年月を経てより味わいをまし、奥深い美しさをたたえています。「昔のものは、作り手の魂が入っているのではないでしょうか」とあき子さん。異国の職人たちの手によって染められた鮮やかな茜や藍の色合い、生き生きとのびやかに描かれた文様は、今も私たちを魅了してやみません。帯のほか、古裂を使ったバッグや数寄屋袋も販売。広尾には、六代目・悳次《とくじ》氏蒐集の時代美術裂コレクションを収蔵した「むら田染織ギャラリー」（予約制）があります。

左から、むら雲絞りに更紗花をあしらった訪問着、モール繍紋、久米島紬着尺

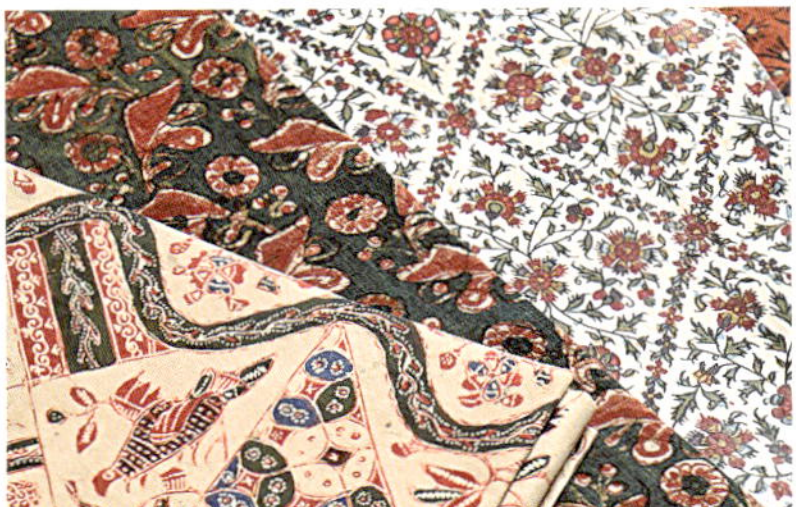

ジャワ更紗やインド更紗、ペルシャ更紗の帯150,000円〜200,000円を中心とした品ぞろえ

日本各地の紬や木綿が数多くそろいます。どちらかというとシックな色合いが豊富。左から柿渋紬、伊那紬草木染、久米島紬草木染、片貝木綿、手機伊予絣

- 03-3571-2077
- 中央区銀座6-7-7
- 10：30〜19：00
- 日祝お休み
- http://www.ginzamurata.co.jp/

伊勢由《いせよし》

女性をすっきりと美しくみせる色にこだわる

明治十一年(一八七八)創業の老舗呉服店。かつて、能楽の金春家《こんぱるけ》屋敷があった金春通りに店をかまえます。染めの着物を中心としていて、色の美しさは格別。「まとった時に女性を美しく」とくすみのないすっきりとした色にこだわっています。華やかさとともにやさしさを秘めた色合いは、かつて金春芸者たちでにぎわったこの界隈の歴史を感じます。こだわりは和装小物にも。髪飾りや袋物などかわいらしい小物や、おしゃれな「レースの半襦袢」など老舗ならではの細やかな心くばりを感じる品がそろいます。

淡いピンクの友禅付け下げ577,000円(左)、西陣袋帯551,000円(右)

オリジナルの綸子の帯揚げ(2色ともに)18,480円、洋角帯締め21,000円、結城紬の反物1,700,000円(手前)、850,000円(奥)

■ 03-3571-5388
■ 中央区銀座8-8-19 伊勢由ビル
■ 11:00〜19:00(土曜18:00まで)
■ 日祝お休み
■ http://www.ginza-iseyoshi.co.jp/

銀座いせよし《ぎんざいせよし》

上質な着物を手頃な値段で

二〇〇九年、「伊勢由」当代の三女、千谷《ちたに》美恵《みえ》さんが「もっと若い方に着物を広めたい」とオープン。ビルの三階にある店舗は、銀座にお出かけついでに、会社帰りにと、ふらりと立ち寄りたくなる気軽さです。

「伝統の技を守りながら、現代の女性にあった着物を」と、美恵さん自ら古典的なデザインをアレンジし、上質な着物を比較的手頃な値段でそろえます。仕立てについて伺うと「一流の職人が手縫いで仕上げます」ときっぱり。新しさとともに老舗の誇りを感じます。

銀座いせよしオリジナル織名古屋帯105,000円(手前)。小紋や付け下げを中心に100,000円台から

軽くて肌ざわりが良いレーヨン縮緬を使った人気の大福バッグ各13,650円

銀座に新風を吹き込む女将の千谷さん

■ 03-6228-5875
■ 中央区銀座6-4-8 曽根ビル3F
■ 11:00〜19:00(土曜18:00まで)
■ 日祝お休み
■ http://www.iseyoshi.com/

時代や土地をこえた布の魅力にふれる

灯屋2 銀座店

あかりや つー

着物好きの間で、通好みとして知られるお店。アンティークから現代ものまでを扱っていますが、店の代名詞といえるのが、外国裂で仕立てた創作帯です。インドやジャワ、ラオス、ウズベキスタン、アフリカなど世界各地の布たちが、魅力的な帯へと生まれ変わり店内に並びます。きっかけは、旅好きなオーナーの渋谷さんが、現地で出合った生命力あふれる布たちに魅了されたこと。

創作帯には、伝統の手わざを感じる昔着物をあわせて。結城紬、結城縮、久米島紬、黄八丈をはじめとした織りの着物とコーディネートすると、不思議なほどしっくりとなじみ、新鮮な驚きをあたえてくれます。日本に代々受け継がれてきた着物と異国の布たちが響きあい、新たな物語を紡ぎはじめます。

36枚の裂をはぎ合わせた黄八丈寄せ裂袷294,000円、結城紬に帆舟のコラージュをほどこした名古屋帯99,750円

縞結城紬168,000円、インドカンタワーク刺繍名古屋帯50,400円、インドネシア絞り染め名古屋帯50,400円

店長の白井さん（中）をはじめ、スタッフの斉藤さん（左）、酒井さん（右）は、1年のほとんどを着物で過ごしているそう。お手本にしたい自然な着こなし

- 03-3564-1191
- 中央区銀座2-6-5 アサコ銀座ビル2F
- 11：00〜20：00（日・祝19：00まで）
- 水曜お休み
- http://www.akariya2.com/

2010年6月、中央通りにリニューアルオープン。ゆったりとした和の空間で着物選びを楽しめます

シンプルでベーシックなリサイクル着物

きもの 青木《きもの あおき》

「シンプルでベーシックな着物を手頃な値段でそろえたい」、そんなわがままな思いに応えてくれるお店です。「きもの青木」は、リサイクル着物の中でも未使用品や、しつけ糸を取っていない新古品を、二～五万円台中心に品ぞろえ。紬は結城、大島、お召、ざざんざ織りといった産地もの。やわらかものは、おしゃれ着やお稽古着にぴったりな江戸小紋や色無地を多く扱っています。着物ファンなら一度は手にしてみたい作家ものや、名店の誉れ高い京都や銀座の老舗の品々も並びます。まずは、まめにお店に足を運んでみることがおすすめです。

小宮康助作江戸小紋紫地極鮫168,000円、たつむら瑞兆龍鳳文帯157,500円

左から青木オリジナル赤城座繰り紬無地帯73,500円、菜の花柄のつけ帯94,500円、小島悳次郎名古屋帯

すっきりとしたインテリアの店内。オリジナルの帯揚げ2,625円は種類も豊富にそろいます

- 03-3564-7171
- 中央区銀座1-13-1
  アンティークモール銀座1F
- 11：00～19：00
- 水曜お休み
- http://www.kimono-aoki.jp/

ストーリーを感じる帯

花邑《はなむら》 銀座店

和更紗や紅型などの染め帯から、紬や木綿の織りの帯を中心に扱っています。なかでもアンティーク着物や古裂を仕立て直したオリジナルの帯が魅力。例えば、江戸時代の男物の羽裏を使ったものは、見えないところにおしゃれを楽しむ洒落っ気のきいたデザイン。江戸っ子の遊び心が伝わってくるようです。オーナー兼帯職人の杉江羽音さんは、生地の買い付けから洗い張り、帯仕立てまですべての工程を一人で行っています。「昔から大切にされてきた布を仕立て直すと、新たな表情をみせます。帯として甦らせることで、昔と現代をつなげていきたい」と話します。

仕立ての良さはもちろん、お太鼓に出るデザインの配置や裏地選びなど抜群のセンスが帯の魅力を一層引き立たせています

左から大正～昭和初期の羽裏を使った街並みにダンス文様52,500円、寄裂文様の和更紗63,000円、渦巻きに雲竜紋の和更紗89,650円

- 03-3563-0887
- 中央区銀座1-13-1
  アンティークモール銀座B1F
- 11：00～19：00
- 水曜お休み
- 目白店はP56に紹介
- http://www.hanamura.biz/

お誂えができる和装小物店の老舗

銀座《ぎんざ》 くのや《くのや》

宝づくしがかわいらしいオリジナルの小物類。腰紐5,775円、伊達締め7,875円、まくら1,890円、帯板3,150円、腰ぶとん3,150円。他七色の厄除けセットも贈り物として人気

真白な「冠打帯〆」に色糸を足して菊房に仕上げた「冠打菊房」と飛び絞りの帯揚げ

天保八年（一八三七）創業の和装小物店。入口には、季節に合わせたかわいらしいガーゼや手ぬぐいが置かれ、ついつい足を踏み入れたくなるような気楽さがあります。

「銀座 くのや」といえば、すべての品をお誂えできることが魅力。「風呂敷は、好みの色に染められますし、名前をいれることもできます。着物や帯を、バッグや小物入れに仕立て直しもできますので、思い出の品を持ち込まれる方も多いですね」とスタッフの奥野さん。和の職人さんが少なくなっている今、長年、和装小物を扱ってきた老舗だからこそできるサービスです。

1階から4階まで、帯締めや帯揚げ、半襟といった和装小物から風呂敷や袋物、足袋など幅広く扱います

- 03-3571-2546
- 中央区銀座6-9-8
- 11：00～20：00（日祝19：30まで）
- 無休
- http://www.ginza-kunoya.jp/

種類豊富な和装小物

銀座《ぎんざ》 津田家《つだや》

大正三年（一九一四）創業。はじめは、化粧品や櫛、かんざしを扱っていましたが、次第に和装小物を扱うようになりました。地下一階には、襦袢から肌着、帯揚げ、帯締めなど着物まわりのこまごまとした品が勢ぞろい。社長の津田彰彦さんが「品数の多さには自信があります」と話すように、肌着の素材だけでも晒し、ガーゼ、縮、クレープ、麻など、種類も豊富。自分サイズに一枚から誂えてもらうことも可能です。

創業当時から化粧品を扱っているとあって、歌舞伎や舞台用化粧品も販売。板バケ1,575円、紅筆1,260円、練り白粉2,100円、どうらん840円、鬢付け630円

軽くて折りたためる便利な正絹三角袋4,200円、帯揚げ3種類各12,000円、猫柄のポリエステル半幅帯5,040円

- 03-3561-5576
- 中央区銀座4-6-18
- 11：00～19：30
- 無休
- http://www.ginza.jp/tsudaya/

歌舞伎を足元から支える老舗

大野屋總本店

おおのやそうほんてん

安永年間（一七七二〜一七八一）創業。舞踏家や歌舞伎役者さんにご贔屓の多い足袋の老舗です。「新富形」といわれる足袋は、細めの底に表の生地をたっぷり取って足の甲を包むことで、足元を細く引き締めてみせると評判です。店内には、何百枚という代々の歌舞伎役者さんの足型帳が保存され、名舞台の数々を足元から支えてきた歴史を感じさせてくれます。既製の足袋は、四種類。細、柳、梅、牡丹という呼び名も、粋な江戸っ子らしい心くばり。色足袋や柄足袋、麻や別珍など種類も豊富にそろいます。

すっきりと美しい白足袋。既製3,150円から、誂えは5足から注文可。1足3,985円

6代目の福島康雄さん。縫い上がった足袋をひとつひとつ木型に入れ、成型していきます

宝くじをはさむと当たりが出るといわれる縁起物の福足袋1,050円はお土産に

■ 03-3551-0896
■ 中央区新富2-2-1
■ 9：00〜17：30
■ 土日祝お休み

銀座の歴史とともに歩む足袋屋さん

むさしや足袋店

むさしやたびてん

明治七年（一八七四）創業から、銀座の歴史とともに歩んで百三十余年。松屋通りの一角にひっそりと建つ足袋屋さんです。

誂えも注文できますが、既製のサイズが豊富。長さは細かく二ミリ刻みで十四〜三十センチ、幅は四種類、甲の高さが二種類そろうとあって、たいていの人の足には対応できるといいます。「昔は、足袋を履く人が多かったから、つま先だけを縫う専門の職人さんもいたくらいですよ」とご主人。三和土《たたき》をあがった店の奥からは、今日もミシンの音が休むことなく聞こえてきます。

店の奥に並ぶたくさんの銅製の足型。店の歴史を物語っています

白足袋2,730円（4枚コハゼ）。白足袋の他に色無地や柄足袋の販売も。誂えは5足から注文可。1足4,200円

■ 03-3541-7446
■ 中央区銀座4-10-1
■ 8：00〜18：00
■ 日祝お休み

見て美しく履いて履きよい二石の草履

小松屋 銀座店

こまつや

大正十三年（一九二四）、赤坂に創業。フォーマル用の草履からお洒落用、下駄まで幅広くそろいます。種類も豊富で、草履のサイズはS～4Lまで五種類。色数は百色以上の中から選べるとあって、自分好みの履物をオーダーすることができます。

「小松屋」の定番といえば、やや幅が広めの小判形の台に牛革製の二石《にこく》の鼻緒が挿げられた草履。「二本の鼻緒は、一本よりも足あたりが柔らかいのです」と、店長の神原栄司さん。それでいて、履くとすっきりとした印象にみえるのは「見て美しく、履いて履き良く」というお店のこだわりが生んだ逸品といえます。

好きな色を色見本から選んで

店内には、鼻緒の挿げ職人さんが常駐。メンテナンスの相談にも快く応じてもらえます

■ 03-3571-0058
■ 中央区銀座8-7 銀座ナイン2号館1F
■ 10：00～21：00
(土日祝11：00～20：00)
■ 月曜、第３日曜、年末年始お休み
■ http://www.e-zouri.jp/

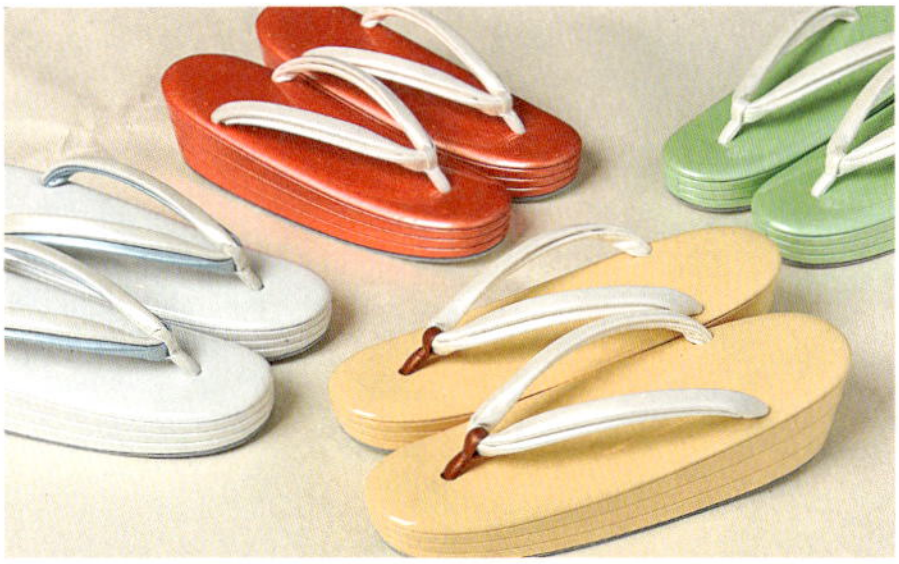

鼻緒や台の色の組み合わせを楽しみたい。29,400円

疲れない、痛くならない手縫い草履

阿波屋

あわや

明治四年（一八七一）創業の老舗。今日の牛革草履を考案した店として知られ、「疲れない、痛くならない履物作り」を常に目指しています。

なかでも、「阿波屋」の代表格とされる「手縫い草履」は、糸と針だけで縫い合わせられた手仕事の名品。型紙から仕上げまで一人の職人さんの手によって作られています。「伸び縮みに余裕があるため足の負担をやわらげ、疲れにくいのです」と六代目の原田祐一さん。台の間に薄い経木を入れることで、クッション性を高める工夫も。見えない所にこだわったものづくりこそ、銀座で百四十年続く履物店の誇りなのかもしれません。

ふっくら丸みをおびた形は手縫い草履ならではの美しさ。各25,200円

■ 03-3571-0722
■ 中央区銀座7-2-17
南欧ビル2F
■ 11：00～20：00
■ 日祝お休み
■ http://www.awaya.cc/

靴を履く現代人の歩き方にあった形と角度で考案された「アイドル下駄」。台5,250円、鼻緒4,200円

すっきりとした江戸好みのフォルムが印象的

ぜん屋《ぜんや》

賑やかな中央通りから一歩入った場所にある、履物と傘の専門店です。こちらの草履は、細身ですっきりとした江戸好みのフォルムが印象的。足元を美しく演出してくれるとあって、歌舞伎界や花柳界の方々に愛用されています。愛される理由は、芯に最高級の天然コルクを使用し、熟練の職人さんによって一つずつ丁寧に作る「ものづくり」への姿勢からも感じられます。和傘や着物に合うオリジナル洋傘、日傘も豊富。銀座ニューメルサ店のほか、池袋東武店、新宿京王店があります。

すべてのスタッフが花緒の挿げ替えや修理ができるため、いつ訪れてもメンテナンスに応じてくれます

好きな色を色見本から選んで組み合わせできます。「積層七ノ十」43,050円～。足と同じ形の「ダンス履き」や流線型の「イタリアンカット」など、オリジナル型も豊富

- 03-3571-3468
- 中央区銀座8-8-1
- 10：30～20：00（土日祝11：00～19：00）
- 無休
- http://www.rakuten.ne.jp/gold/ginza-zenya/

ふっくらやさしい履き心地の京草履

伊と忠GINZA《いとちゅうぎんざ》

京都にある老舗履物店の東京店。定番の本綿入草履は、その履き心地の良さからお店の代名詞ともいわれるほどの人気商品です。やや広めで丸みのあるフォルムに本綿をたっぷりつめた台は、ふんわりと足を包みこんでくれるよう。歩きやすく長時間履いても疲れない名品として、履物にこだわる東京人からも広く支持されています。若手作家さんの帯留やかわいらしい袋物など、洗練されたセンスの和装小物も素敵です。

白の本革鮫小紋本綿入草履64,575円は、控えめな光沢とマットな質感。小紋から付け下げまで幅広く使えます

着物の古布や古裂を使った香り花針山（1,575～3,150円）はすべて一点もの

江戸切子作家・小川郁子さんと銀細工作家・松原智仁さんの帯留（左上）。着物姿に華やぎをあたえてくれそう

- 03-6226-2286
- 中央区銀座8-12-13 豊川ビル1F
- 11：00～20：00
- 月曜お休み、日曜不定休
- http://itochu-ginza.jp/

源氏物語に描かれた香りを伝える

香十《こうじゅう》 銀座本店

天正年間（一五七三～一五九二）京都にて創業。香木、練香、匂袋、香道具など、お香に関するあらゆるものがそろいます。源氏物語に描かれるように、平安貴族たちは香を着物に焚き染め、香りを楽しんだといいます。白檀・丁子・桂皮を主に使った「薫衣香」は王朝文化を今に伝える雅やかな香り。香木を染料として使った「香染匂い袋」など、着物にしのばせて、自分だけのおしゃれを楽しみたいものです。銀座四丁目の香間「香十庵」では、香道体験や香道教室を行っています。

気軽に持ち歩ける名刺サイズの香り「名私香」315円。伽羅やサンダルウッドなど８種類の香り

薫衣香（衣）７個入1,365円と香染匂い袋1,365円

- 03-3574-6135
- 中央区銀座5-8-20 銀座コア4F
- 11：00～20：00
- 無休
- http://www.koju.co.jp/

京扇子に描かれた雅な世界

宮脇賣扇庵《みやわきばいせんあん》 東京店

文政六年（一八二三）創業の京扇子の老舗。店内には、豪華な檜扇や上品な香りの白檀扇子が飾られ、平安時代に生まれた扇の歴史を今に伝えています。舞扇、茶席扇、夏扇のほか、多種多様な扇がそろいますが、いずれも花鳥風月を基調とした趣あるデザイン。「皆さんお時間をかけて選ばれます」とおっしゃるように、扇面に描かれた雅な世界に魅了され、思わず時のたつのを忘れてしまうほどです。奥には、ゆったりと座って選べるスペースもあるため、たっぷりと時間に余裕を持って出かけたいものです。

カワセミや蝶、うさぎなど型抜きが愛らしい京凛扇12,600円

親骨にあずき色の漆を塗り、蒔絵をほどこした「都忘れ」夏扇26,250円（手前）、「鳥の子地鉄線」茶席扇1,890円

- 03-5565-1528
- 中央区銀座8-12-13 豊川ビル1F
- 10：00～18：00
- 無休（年末年始・夏季休みあり）
- http://www.baisenan.co.jp/

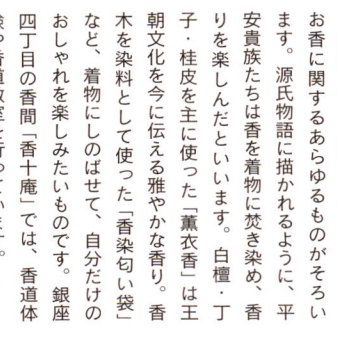

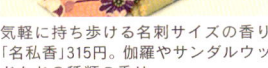

アーティスティックな魅力の帯留

TAMARU産《たまるさん》

オーナーの田丸由紀子さんと美加子さん姉妹がデザインから制作までを手がけるアクセサリーのお店。透明感のある樹脂パーツをメインに天然石やガラスビーズなどを組み合わせた帯留やかんざし、根付、羽織紐が並びます。「音符シリーズ」や「裏庭シリーズ」などかわいらしい名前がついたアクセサリーは、どれも個性的な着こなしを演出してくれそうです。ここにしかないアーティスティックな魅力にあふれています。

眺めているだけでも楽しくなる帯留。5,565円～12,600円

洋服にも和服にもあうかんざし。手前から12,600円、15,540円、17,115円

- 03-3573-0403
- 中央区銀座5-10-10
- 12：30～19：30
- 月曜お休み
- http://www.tamarusan.com/

華奢な姿で堅牢な江戸指物

銀座平つか《ぎんざひらつか》

大正三年（一九一四）創業の江戸指物と和文具のお店。江戸指物といえば、外見は華奢でありながら、中身は堅牢という江戸の粋の象徴ともいえる木工品。「釘を使わずに木組みだけで仕上げているので表面はあっさりとしていますが、中身の細工はとても緻密なんです」と三代目の平塚彦太郎さん。希望の寸法があれば、小物入れや箪笥などの注文にも応じてくれるそう。手漉き和紙のぽち袋や便箋、江戸玩具も販売しています。

江戸時代の古裂があしらわれた文庫31,500円、木版手摺りの便箋788円、封筒５枚入り420円、ぽち袋５枚組714円

- 03-3571-1684
- 中央区銀座8-7-6
- 11：00～19：00
- 日祝お休み、12月は無休
- http://www.ginza-hiratsuka.co.jp/

日本各地の手仕事の逸品を紹介

銀座たくみ《ぎんざたくみ》

昭和八年（一九三三）創業。柳宗悦《やなぎむねよし》をはじめ、河井寛次郎や濱田庄司など民藝運動の指導者たちが、日本各地の伝統的な手仕事や民芸品を紹介した草分け的存在のお店。当時、無名の職人が生活の中から生み出す品は全く知られていませんでしたが、「たくみ」を拠点として全国に発信されてきました。今もその精神は受け継がれ、手仕事が生きる陶磁器や染物、織物、漆器などを販売しています。

左から本染手織・渡辺純子作81,900円、館山唐桟・斉藤光司作97,650円、弓浜絣巾着20,475円。店舗２階には、木綿の反物やアジアの更紗なども販売

- 03-3571-2017
- 中央区銀座8-4-2
- 11：00～19：00
- 日祝お休み
- http://www.ginza-takumi.co.jp/

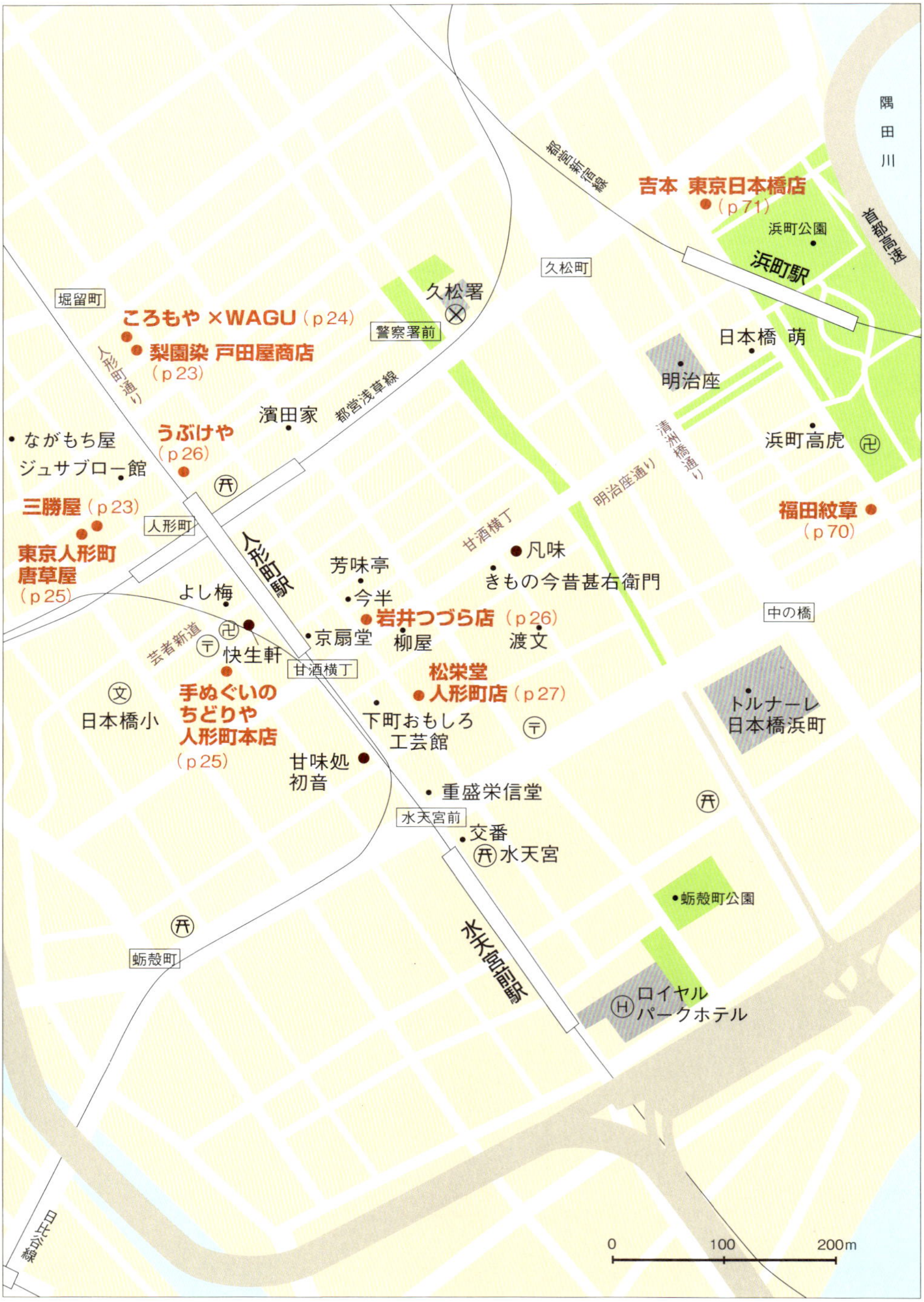

隅田川
首都高速
都営新宿線
吉本 東京日本橋店 (p71)
浜町公園
浜町駅
久松町
久松署
堀留町
ころもや ×WAGU (p24)
警察署前
梨園染 戸田屋商店 (p23)
人形町通り
日本橋 萌
明治座
都営浅草線
濱田家
うぶけや (p26)
ながもち屋
ジュサブロー館
清洲橋通り
浜町高虎
明治座通り
三勝屋 (p23)
人形町
人形町駅
甘酒横丁
福田紋章 (p70)
東京人形町 唐草屋 (p25)
凡味
芳味亭
きもの今昔甚右衛門
よし梅
今半
岩井つづら店 (p26)
中の橋
芸者新道
京扇堂
柳屋
渡文
快生軒
甘酒横丁
松栄堂 人形町店 (p27)
手ぬぐいの ちどりや 人形町本店 (p25)
トルナーレ 日本橋浜町
日本橋小
下町おもしろ 工芸館
甘味処 初音
重盛栄信堂
水天宮前
交番
水天宮
蛎殻町公園
蛎殻町
水天宮前駅
ロイヤル パークホテル
日比谷線
0
100
200m

日本橋－人形町

江戸の中心であった日本橋は、越後屋や白木屋といった呉服店が生まれた街であり、着物の流行の発信地でもありました。今もこの界隈には、創業百年を越える浴衣や手ぬぐいの老舗が、伝統の技をしっかりと受け継ぎながら暖簾を守ります。呉服の問屋街でもある人形町には、自社メーカー直営の着物のアンテナショップやギャラリーも。悉皆屋さんや紋屋さんなど、着物まわりの職人さんも多いエリアです。

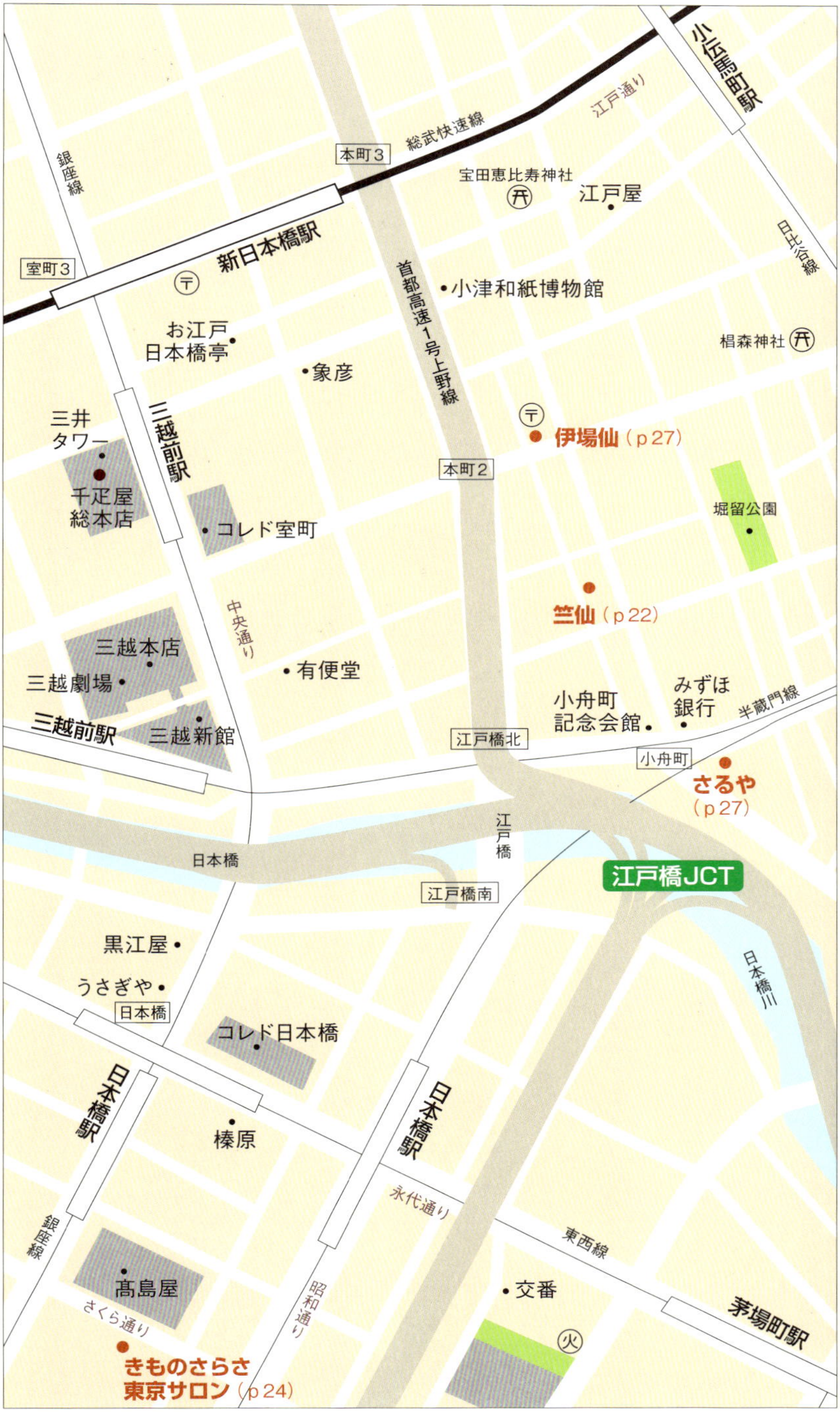

竺仙

ちくせん

江戸の粋を今に受け継ぐ老舗

冴え冴えとした藍と真っ白な色のコントラストが美しい。左から麦の穂コーマ地染め、朝顔柄コーマ地白地

天保十三年(一八四二)創業の江戸浴衣と江戸小紋の老舗。社長の小川文男さんは「江戸、明治時代から伝わる伝統的なモチーフを甦らせながら、現代にあった商品を作っていきたい。十年、二十年経っても変わらない品質を届けたい」と語ります。「竺仙」の浴衣といえば、着物好きならば誰もが憧れる存在。その魅力は、高品質な生地、江戸から受け継がれる型紙を活かしたデザイン、注染めや引き染め、長板中形《ながいたちゅうがた》といった伝統的技法にこだわった染めなど、手間隙を惜しまない、ものづくりの姿勢にあるといえます。

近年では、綿紬や綿紅梅、絹紅梅といった生地に半襟をつけてお太鼓を結んだ「大人のお出かけ着」としての浴衣も人気。すっきりとした清涼感がただよう「竺仙」の浴衣。熟練の職人から生み出される技に、まとった瞬間シャンと背筋をのばしたくなる品格がただよいます。

絹紅梅の繊細な透け感は、目にも涼やかです

撫子と百合が描かれた絹紅梅、紗八寸名古屋帯

- 03-5202-0991
- 中央区日本橋小舟町2-3
- 9：00～17：00
- 土日祝お休み（4～7月は土曜営業）。卸が中心ですが、小売にも応じています
- http://www.chikusen.co.jp/

伝統の江戸浴衣から木綿、ウールまで

三勝屋

さんかつや

明治二十七年（一八九四）創業。職人の手技にこだわった浴衣メーカーとして知られる「三勝」では、本社一階に設けたアンテナショップで、自社製品の反物や帯、プレタ着物を直販しています。伝統的な長板中形《ながいたちゅうがた》や注染《ちゅうせん》の浴衣、夏着物をはじめ、近年は気軽にお手入れできる木綿や綿麻、ウール、シルクウールといった商品を多数ラインナップ。縞、格子、無地といったシンプルなデザインに、洋服感覚で選べる明るめの色を多く取りそろえます。値段も手頃とあって「まずは、普段着物からスタート」と思う初心者におすすめしたいお店です。

縞のシルクウール28,000円（反物価格）と深みのある鼠グリーンの絞り名古屋帯48,000円

綿絽の着物28,000円（反物価格）ときびら麻名古屋帯38,000円は夏のお出かけ着として

ずらりと反物の並ぶ店内。木綿は10,000円台、ウールは20,000円台からそろいます

- 03-3661-8859
- 中央区日本橋人形町3-4-7
- 10：00～17：00
- 土日祝お休み
- http://www.sankatsu-zome.com/

歌舞伎役者に愛された手ぬぐい

梨園染 戸田屋商店

りえんぞめ とだやしょうてん

綿紅梅の浴衣15,000円～。左から絞りの風合いが楽しめる有松の板締め絞り。注染め松葉模様、よろけ縞の手ぬぐい840円～

戦災をくぐりぬけた昭和２年築の木造店舗には手ぬぐいがびっしりと並びます

創業明治五年（一八七二）の手ぬぐい、浴衣の製造卸問屋です。「梨園染」とは、当時人形町界隈にあった芝居小屋の歌舞伎役者に愛用されていたことからつけたそう。

「手ぬぐいは、切りっぱなしだから乾きが早い。湿気の多い日本の風土にはぴったり」と語るのは、戸田屋商店のご隠居、小林永治さん。昔ながらの手染めにこだわった「注染《ちゅうせん》」という技法で染められる手ぬぐいは、使えば使うほど風合いが増し、やわらかな肌ざわり。五百種類以上の豊富なデザインの中から、着物の半襟や足袋袋にと、自分なりの使い方をみつけるのも楽しそうです。

- 03-3661-9566
- 中央区日本橋堀留町2-1-11
- 9：00～17：00　事前に連絡を入れて訪問を
- 土日祝お休み
- http://www.rienzome.co.jp/

新しい和の情報発信スポット

ころもや×WAGU

ころもや×わぐ

新潟十日町の着物メーカー「根茂織物」のアンテナショップ「ころもや」が、和雑貨や着物の販売・企画を手がける「WAGU」と共同営業する「ころもや×WAGU」として二〇一〇年十一月にリニューアルオープンしました。カジュアルで入りやすい雰囲気の「ころもや」テイストに加え、WAGUセレクトのモダンな着物や洗練されたデザインの和小物がラインナップ。バッグやショールを組み合わせたおしゃれなコーディネートの提案をはじめ、今後は、クリエイターとのコラボレーション企画やイベントを予定。呉服店という枠にとらわれない、新しい和の情報発信スポットとしても注目です。

手織りの小千谷紬262,500円、ひなや組帯201,600円、FOXファー24,150円、バッグ115,500円

かわいらしいとんぼ玉のかんざし（耳かき付）9,450円

都内唯一の江戸紅型の工房を併設。染色体験も可（要予約）

漆を何層にも塗り重ねた帯留39,900円

- 03-3663-4704
- 中央区日本橋堀留町2-1-11
- 12：00～20：00　土日祝11：00～19：00 事前に連絡を入れて訪問を
- 不定休
- http://www.koromoya.com/

ロマンチックなアンティーク着物の世界へ

きものさらさ 東京サロン

アンティーク着物といえば、日本の伝統柄とヨーロッパのアールヌーヴォー、アールデコを取り入れた和洋折衷のデザインや、鮮やかな色彩が魅力。現代ものにはない圧倒的な迫力が、時代を超え、人々を魅了します。オーナーの大谷更紗さんは、菊や薔薇を大胆にデザインした花柄、鳥や動物柄、フルーツをモチーフにしたものなど、どれもロマンチックで女の子らしさがただよう品をセレクトしています。

お店は完全予約制ですが、これもゆっくりと着物を楽しんで欲しいという思いから。心ゆくまでアンティークの世界にひたってください。

大正～昭和初期のアールデコ付け下げ126,000円、明治時代丸帯42,000円。状態が良くクリーニング済みの商品が多数。裄直しや、帯の仕立て直しなどメンテナンスの相談にも対応

きものさらさオリジナル朱地に黄と緑の乱菊文お仕立て直し帯31,500円、黒地に小鳥と椿の刺繍名古屋帯68,250円

- 03-5203-2223
- 中央区日本橋3-8-7 坂本ビル7F
- 13：00～18：00　完全予約制。毎月３日間、催事を開催
- 日・水曜お休み
- http://kimono-sarasa.com/

ようこそ！　手ぬぐいワールドへ

手ぬぐいのちどり屋 人形町本店

てぬぐいのちどりや

オリジナルの千鳥柄巾着袋1,260円と手ぬぐい840円～

あれもこれもほしくなる！
にぎやかな店内

古民家風の店内に足を踏み入れると、棚にびっしりと並んだ色とりどりの手ぬぐいがお出迎えしてくれます。古典柄をはじめポップでモダンな色柄、江戸っ子らしい洒落っ気のきいたデザインなど、その数は約千二百種。「ちどり屋」オリジナルから他社メーカーまでが一堂にそろい、まさに手ぬぐいのデパートといった空間です。巾着やバッグ、ブックカバーなど和雑貨も販売。他に「お台場ヴィーナスフォート店」があります。

- 03-5284-8230
- 中央区日本橋人形町1-7-6
- 11：00～20：00（土日祝～19：00）
- 不定休（年末年始お休み）
- http://www.chidoriya.cc/

風呂敷文化を再発見

東京人形町唐草屋

とうきょうにんぎょうちょうからくさや

「ふろしきリング」を使ってバッグにすることも

花びらの形に包んだ「水色クロス」840円とポップでカラフルな「ウメバチ」2,625円

京都の老舗風呂敷メーカー「宮井」のアンテナショップです。今までの「物を包む」というイメージから、「一枚の暮らしの布」としてファッションやインテリアにも楽しめる風呂敷の使い方や魅力を提案。すっきりとモダンな店内には、四季を彩る伝統的なデザインから、エコバッグとして使いたくなるカラフルでポップなデザインなど豊富にそろいます。店舗内に併設したギャラリーでは、江戸時代から昭和にかけて製作された風呂敷や袱紗のコレクションを展示（年三回）。見学とともに様々な包み方が学べる「包み方体験講座」（合わせて千円・要予約）を行っています。

- 03-3661-3938
- 中央区日本橋人形町3-4-6
- 11：00～18：00
- 火・水曜お休み
- http://www.karakusaya.co.jp/

東京に唯一残るつづら屋さん

岩井つづら店

いわいつづらてん

粋な情緒ただよう甘酒横丁を歩けば、当主・岩井良一さんがもくもくと仕事にうちこむ姿を見かけます。つやつやと美しいつづらは、竹で編んだ籠に質屋さんで使われた大福帳を貼り、その上から柿渋を塗り重ね、カシュー漆を塗って仕上げます。昔は、本漆を使ったそうですが、カシュー漆は乾きが早いのだとか。軽くて通気性も良く防虫効果もあるつづらは、着物を収納する道具として使われてきましたが、最近は、小物入れやインテリアとしての人気も高いそう。東京に残る唯一のつづら屋さんだけに、手に入れるには三～四ヶ月待ちとなることもあります。

上から9,975円、24,150円、38,850円。名前や家紋をいれてもらうことも（別料金1,500円）

この道一筋三十余年。刷毛を使い漆を塗っていくご主人

岩井さんに仕上げられるのを待っている竹籠。京都、佐渡などの籠職人さんから届けられます

- 03-3668-6058
- 中央区日本橋人形町2-10-1
- 9：00～18：00
- 日祝お休み

職人技が光る！ 一生モノの刃物専門店

うぶけや

「産毛でも剃《そ》れる、切れる、抜ける」という評判が店の名前となった「うぶけや」。天明三年（一七八三）から続く毛抜き、剃刀《かみそり》、ハサミ、包丁の専門店です。現在は、八代・矢崎豊さんが研ぎの職人技を守り続けています。明治のはじめ、洋服を裁断する「裁ちバサミ」を国内で初めて手がけた店として知られ、その頃のハサミは文化財として、店内に飾られています。「うぶけやで切れないのは、毛抜きとお客様の縁。うちの商品は一生面倒をみさせてもらいます」。

「うぶけや」の銘が入った握りバサミは7.5cm～15cmまで15種類以上の品ぞろえ2,730円～

裁ちバサミは約18cm～30cm 8,925円～

昔ながらのたたずまいを残す店構え

- 03-3661-4851
- 中央区日本橋人形町3-9-2
- 9：00～18：00（土曜17：00まで）
- 日祝お休み

江戸の涼をあおぐ、そよぐ、涼む

伊場仙《いばせん》

天正十八年（一五九〇）創業。江戸中期からうちわの生産をはじめ、その後、初代豊国、国芳、広重などの浮世絵の版元として名を広めました。現在は、十四代目・吉田誠男さんが暖簾を守り、粋なデザインのうちわや扇子を中心に販売しています。

「江戸うちわ」は、柄の部分の先の竹を割りさいたものに浴衣地、手ぬぐいを張って涼やかに。骨数が少なく小ぶりな「江戸扇子」は、一見地味ですが無駄のない潔さを感じる逸品です。

江戸前の浴衣地や手ぬぐいを張ったうちわ

茶道や舞踏用の扇子から、祝儀用、観賞用のものまでさまざまな種類がそろいます

- 03-3664-9261
- 中央区日本橋小舟町4-1
- 10：00～18：00
- 土日祝お休み
- http://www.ibasen.com/

京の雅な香りをまとって

松栄堂《しょうえいどう》 人形町店

創業宝永二年（一七〇五）、京都お香の老舗、松栄堂の直営店。店内には、香の燃え進んだ長さで時を計る香時計や香炉、香道具、香木などが置かれ、三百年以上日本の香りとともに歩んできた歴史を感じます。お香と一口に言っても、自分にあった香りをみつけるのは、なかなか難しいもの。「松栄堂」では、いくつかの香りをたきながら、好みの香りを探していく試しだきにも応じてもらえます。他「銀座店」（マップP.7）と「青山香房」、「リスン青山」（マップP.47）も。

匂い袋「誰が袖」シリーズ。左から「袖型」945円、「極品おもいで」5,040円、「極品」682円

伽羅や沈香、白檀などの香木も販売

- 03-3664-2307
- 中央区日本橋人形町2-12-2
- 9：00～18：00
- 日祝お休み
- http://www.shoyeido.co.jp/

世界でひとつだけの楊枝専門店

さるや

宝永元年（一七〇四）創業の日本で唯一の楊枝専門店です。職人が一本一本手削りした黒文字楊枝は、口当たりやわらか。さわやかな木の香りと清涼感がただよいます。店内には、江戸時代、歯ブラシとして使われていた房楊枝や、細工楊枝も展示しています。毎年秋には来年の干支が描かれた桐箱がお目見え。江戸の遊び心を今に引き継ぐ粋な贈り物として、歌舞伎役者さんなどのお年賀にも使われるそうです。

三番叟（さんばそう）姿の猿が描かれた楊枝入れ998円。男女の恋が描かれた辻占（占いの文句）が巻きつけられています

店内には、様々な楊枝が並びます

- 03-3666-3906
- 中央区日本橋小網町18-10
- 9：00～17：00
- 第３土曜・日祝お休み
- http://www.saruya.co.jp/

着物はどこで買う？
お店の種類と選び方

着物に興味を持ちはじめると、「早く着てみたい！　いろんな着物を見てみたい」という気持ちがはやります。百貨店の呉服売り場から街の呉服店まで、「ついつい立ち寄らずにはいられない」という経験をもつ人も多いのではないでしょうか。とはいえ、初心者にとって着物のお店はなかなか入りづらいもの。そこで、このページでは着物を扱うお店を紹介するとともに、お店の選び方を考えてみました。

百貨店

百貨店の良さは、なんといっても「入りやすさと出やすさ」ではないでしょうか。値段もわかりやすく表示されている上、接客も丁寧なので、初心者にとって安心して買い物できる場所といえます。品ぞろえの豊富さとともに、悉皆などお手入れのサービスも充実しているため、一つのお店で着物に関するあらゆることをおまかせできるのも魅力です。

百貨店の呉服売り場といえば、フォーマルのイメージが強いですが、近年はカジュアルな普段着物を扱うお店もふえています。また、定期的に開催している催事では、ネットショップや地方の着物店などの出店も多く、より幅広い着物にふれられる楽しさもあります。

着物、和装小物ともに全体的に値段が高い印象がありますが、年に何回かはセールを行っているので、その時にあわせて、必要な物をそろえるのもおすすめしたい買い方です。（百貨店はP. 72に紹介）

呉服専門店

着物が日常着であった時代、地元の呉服店は、着物の良きアドバイザーでありコーディネーター、お手入れやお直しの相談にのってくれる場所でした。現在は、そういった街の呉服店は少なくなってしまい、入るには少しハードルの高いイメージがあります。

しかし、豊富な商品知識は専門店ならではの魅力。信頼できるお店と出合えれば、自分の好みにあった商品をセレクトしてくれる上、着付けのコツやお手入れの仕方、着物のルールなど、役立つ情報を教えてくれる頼れる存在になってくれます。

良心的なお店は「着物の良さを伝えたい」という誠実な気持ちが、スタッフや店内の雰囲気から自然と伝わってくるものです。初心者なら、木綿やウールの着物など普段着物を置いているお店や、気さくなスタッフがいるお店がおすすめです。

リサイクル・アンティークショップ

リサイクルショップやアンティークショップは、着物を手頃な値段で購入できるとあって、初心者から上級者まで着物好きには心強い存在です。仕立て上がりなので、羽織ってみて似合うかどうかイメージしやすいですし、買ってすぐに着ることができます。アンティークは、大胆な意匠や細かな手刺繍など、現代ものにはないデザインや手仕事が魅力です。サイズは比較的小さいものが多いですが、羽織や帯に仕立て直したり、襦袢の替え袖にすることで、コーディネートの幅をぐんと広げてくれそうです。

お店は、新品同様のものを扱うところから、多少の汚れがあっても格安の値段で提供するところなどさまざまですが、買う時は、シミや汚れを十分チェックするとともに、裄《ゆき》や身丈など、サイズを確認することが大切です。

骨董市&手づくり市

お寺や神社で催されている骨董市は、古道具や和家具などの露店が並び、縁日ムードいっぱい。お散歩がてら、のぞいてみるだけでもワクワクしてきます。お店にずらりと広げられた古着をあれこれ見ながら、思わぬ掘り出し物をみつけたり、店主と値段交渉するのも骨董市ならではのお楽しみです。リサイクルやアンティークのお店よりも、ぐっと格安の値段で売られていますが、たいていは返品することが不可能なため、汚れやほつれがないか状態をよくみて、納得の上で購入することが大事です。

最近は、手作り市が都内各所で催され人気をよんでいます。帯留やかんざし、バッグなど、着物にあわせたくなる和小物を手頃な値段で手に入れることができる上、作り手自身とふれあえるのも魅力です。(骨董市&手づくり市はP.86に紹介)

ネット通販&オークション

お店に行かなくても、いつでも好きな時に購入できるのがネット通販&オークションの魅力。ネット通販では、呉服店では取り扱いの少ない普段着物や和装小物を比較的手頃な値段で扱うお店が多く出店していますし、オークションでは、驚くほどのお値打ち品に出合うこともあります。

しかし、どちらも商品を手にとって触ることができないため、風合いや色合いが画面の印象と違っていたということもあるので注意が必要です。商品について、疑問があれば出店者・出品者にメールで問い合わせをしてみるのも良いでしょう。どちらも、失敗する場合もあることを十分踏まえた上で購入することや、商品の交換・返品の可否や条件などもよく確認するようにしましょう。

自分にとって良いお店とは?

ここまで着物を扱うお店の特徴を書いてきましたが、人それぞれに着物のスタイルがあるように、お店の選び方もさまざまです。

私の理想は、「いきつけの美容師さん」のように好みや年代にあわせたスタイルやコーディネートを提案してくれるお店であり、「かかりつけのお医者さん」のように、シミ抜きや染め替えなど着物にとってベストな処方箋を出してくれる呉服屋さんです。

着物は、お仕立て一つとってみても、その人の体型や着付けの仕方だけでなく、職業やライフスタイルといったところまで関わってくる世界です。お手入れやお直しなど、季節や年代を通じての密接なお付き合いは、正直なところ、少しわずらわしさを感じることもあります。とはいえ、自分の好みやセンスを知ってもらうには、お互いのコミュニケーションがあってこそ信頼関係が築けるというもの。ゆっくりと息の長いお付き合いができるお店を見つけることが、より楽しい着物ライフへの近道といえそうです。

向島出口
台東商高
今戸神社
浅草7
言問団子
長命寺
長命寺桜もち
桜橋
見番通り
待乳山聖天
カド
見番
向島めうがや(p37)
浅草御法川屋(p36)
交番
江戸通り
首都高速6号向島線
墨堤通り
まねき屋(p35)
向島3
宮本卯之助商店
墨田中
am/pm
言問橋西
水戸街道
三囲神社
本所高
小梅小
言問橋
すみだ郷土文化資料館
言問橋東
隅田川
牛嶋神社
隅田公園
向島1
東武伊勢崎線
業平橋駅
墨田区役所
東京スカイツリー
(2011年12月完成予定)
アサヒビール
押上へ
浅草通り

浅草

東京の下町、浅草を訪れたなら、まずは浅草寺にご挨拶。観音様にお参りしたら、仲見世界隈をぶらり着物散歩といきましょう。職人の街でもある浅草は、和装小物のお店が多く、値段も格安。浅草寺裏には履物問屋さんなど、着物を足元から支えるお店が点在しています。浅草から隅田川をわたれば、花街の色香がただよう向島。東京の新名所、東京スカイツリーが出迎えます。

はんなり 浅草店

江戸好みの粋でモダンなおしゃれ着を

「和を着る。楽しむ」をコンセプトに、粋でモダンに着こなせるおしゃれ着を扱っています。無地感覚のシックな色合いを中心にした品ぞろえは、「着る人自身がいきるコーディネートを提案したい」という思いから。直接産地に赴き仕入れをするなどしてコストを下げ、求めやすいお値段設定も魅力です。

また、歌舞伎十八番の「暫」や「助六」、江戸をテーマにした染め帯など浅草らしい商品も。帯留やかんざしなど江戸好みでキリッとした小物もそろっています。

くるみで染めた飯田紬157,000円。暫の歌舞伎柄が染められた塩瀬帯157,000円

浅草ではめずらしいモダンでシックな外観

- 03-5830-0155
- 台東区浅草1-39-15
- 10：00～18：00
- 水曜・第３木曜お休み
- http://www.han-nari.com/

ひょうたん帯留3360円、三分紐2625円

ヒロヤ

木綿やウール着物が充実

浅草らしい庶民的な呉服屋さん。普段着物として人気の高い木綿やウール、シルクウールなどが充実しています。これらの着物の魅力は、なんといっても手入れの簡単さ。木綿は、自宅で手洗いできるとあって、日常着としてぴったり。ドライクリーニング対応のウールやシルクウールは、ちょっとしたお出かけ着としても活躍してくれそうです。木綿の反物は三千円から、ウールは六千円からと、値段も格安。近所での買い物や家事にも便利な上っ張りや前掛け、ホームコートなども店頭にたくさん吊るされています。

左から手織りの久留米絣73,500円、格子・辛子色の片貝木綿各21,000円、縞の綿唐桟12,600円、花織半幅帯36,750円

- 03-3843-5291
- 台東区浅草1-32-3
- 10：00～18：30
- 第２・４火曜お休み

店舗奥には男着物も。着尺、帯はもちろん作務衣や紳士用和装小物も充実しています

帯源《おびげん》

帯一筋に九十年

西陣九寸名古屋帯86,000円、本袋全通牡丹唐草315,000円（仕立代別）

通称「オニケン」と呼ばれる筑前博多鬼献上男帯30,450円。年に２回ほど博多に行き、職人さんと相談しながら作っています

日本で唯一の帯専門店。西陣織や博多織など織りの帯と半幅帯を中心に扱っています。「来店される時は、まず合わせたい着物をお持ちください。着物の素材や色、質感などを相談しながらお見立てします」と話すのは、大正八年（一九一九）からの老舗を守る若き四代目・髙橋宣任《のぶひで》さん。仕立て帯は置かず、購入後、使う人の体型や用途にあった幅や仕様に調整して仕立てます。

また「帯源」の帯といえば、噺家さんたちにとってあこがれの存在。今では、二ツ目昇進の記念に帯源の帯を買うことが一つの目標になっているそうです。

浅草らしい、すっきりとした粋な着こなしの髙橋さん

- 03-3844-3497
- 台東区浅草1-20-11
- 11：00〜20：00
- 第２・４火曜お休み
- http://obigen.jp/

桐生堂《きりゅうどう》

オリジナル組紐で　自分だけのおしゃれを

創業明治九年（一八七六）。創業者が桐生出身ということからその名がついたといいます。店内には、帯締めをはじめ、羽織紐や根付紐など豊富な種類の組紐や縮緬細工が並び、いつもたくさんのお客さんでにぎわっています。

帯締めは冠（ゆるぎ）組や平唐組はもちろん、他店ではあまり見かけない二分半や四分紐、長尺のものもそろっています。また好みの色や組み方、長さを注文してオリジナルの組紐を誂えてもらうことも可能。羽織紐や煙草入れ、印籠の紐など着物や帯に合わせて、自分だけのおしゃれを楽しんで。

４代目の当主であり、組紐職人でもある羽田眞治さん

梅5,565円やウサギ8,925円など帯留もいろいろ。紺色四分紐6,330円、辛子三分紐3,150円、コーディネートに合わせて色や本数を選べる「お好みひも」１本630円

- 03-3847-2680
- 台東区浅草1-32-12
- 10：30〜19：00
- 無休

和装小物のおたすけアイテムがずらり

かづさや

仲見世通りに三店舗を構える和装小物専門店です。創業百年をこえる老舗とあって、踊り専門の肌着や小物も多く、地元浅草はもちろん、地方の日本舞踊や花街の人々など多くのお客さんが訪れます。

肌襦袢や半襦袢、襟芯や帯枕など着付けの良しあしを決める小物類は、大きさ、種類ともに豊富に品ぞろえ。また着物初心者にとって、小物選びは何かと頭を悩ますものですが、困ったら気軽にお店の人に相談して。半襦袢は、無料で袖の桁を出してくれるサービスもあります。

明治・大正時代に使われた貴重な半襟の下絵と型紙。半襟がおしゃれの見せどころだった時代を感じさせてくれます

本店は、雷門から４軒目

左から手刺繍半襟、梅の模様が美しい半襦袢（双袖）5,300円、倫だし絞りの帯揚げ10,500円、厄年に身につけると厄除けになるという七色腰紐2,800円

- 03-3841-0189
- 台東区浅草1-18-1
- 10：00～20：30
- 無休

替え袖のオーダーは百種類以上

ゑりの高砂屋

えりのたかさごや

明治四十（一九〇七）年に創業した当初は襟の専門店でしたが、時代とともに和装小物全般を扱うようになりました。なかでも、肌襦袢や半襦袢、すそ除け、ステテコなどの品ぞろえは豊富で、素材、サイズ、形ともに充実。着物生活を快適に過ごすための和装小物がそろっています。

人気は、二部式襦袢に付け替えする「替え袖」のオーダー。百種類もの見本から、自分の着物のサイズにぴったり合った袖を作ることができると評判です。接客は、この道三十年以上のベテランスタッフばかり。きめ細やかな対応で、安心して相談することができます。

細やかな刺繍がほどこされた半襟。紫9,240円、白34,650円、黄色12,000円

前がはだけないよう工夫された高砂屋オリジナルシャーリング半襦袢4,100円～。替え袖は半無双2,415円～、別誂えは2,835円～

- 03-3843-4601
- 台東区浅草1-22-9
- 10：00～19：00
- 無休（年末年始お休み）
- http://www.takasago-ya.jp/

「通」が通うしゃれ物がつまったお店

外源堂《とげんどう》

金沢の老舗「目細八郎兵衛」の針。糸が通しやすく先が鋭い目細針（めぼそばり）は、お裁縫が楽しくなりそう

デジカメや携帯、iPodが入れられる道中財布（各種サイズ有5,000円～）両面使いできる巾着は薬入れや小銭入れにも便利

和のしつらいと江戸籠文字の看板が目を引く「外源堂」には、こだわりの和洋小物がつまっています。オーナーが「他店にはないものを」と選び抜いた品々は、鹿革を使った合切袋や煙草入れ、古布を使った道中財布や巾着など一点ものばかり。どれも職人さんの丁寧な仕事がほどこされた逸品とあって、ここにしかない「通」な品々を求めて訪れるお客さんも多いそう。好みの生地を持ちこんでオリジナルの袋物を誂えることもできます。

- 03-3841-4184
- 台東区浅草1-17-5
- 11：00～20：00
- 不定休
- http://togendou.com/

向島芸者さん御用達の京小間物店

まねき屋《まねきや》

和更紗型染め木綿バッグ10,500円、竹籠に丹後縮緬の巾着がついたオリジナルの籠付巾着10,500円、西陣金襴横長手提15,750円

内側がビニールになっている西陣織金襴ポーチ1,365円、携帯ケース1,260円、正絹刺繍名刺入れ2,625円

向島芸者さんたちに愛される小間物店です。「きねや」や「かづら清」といった京都の老舗和装小物店のものや、オリジナルの帯留やかんざし、扇子、和装バッグなどがそろいます。「日本の職人さんの技を大切にしたい」という店主、東海枝《とうかいえ》さんの思いから、商品はすべて日本製、ほとんどが一点ものというこだわりです。

そのテイストは、京都のはんなりさ、雅さとともに、東京的デザインを兼ね備えたすっきりとした仕上がり。おしゃれ着やお出かけ着、洋服にもなじむデザインと、驚くほど手頃な値段は、浅草からちょっと足を延ばしても訪れたいお店です。

- 03-3829-0088
- 墨田区向島2-9-14
- 12：00～19：00
- 日祝・第1土曜お休み
- http://www5b.biglobe.ne.jp/~manekiya/

辻屋本店《つじやほんてん》

下駄でカラコロ浅草散策

気取らない庶民の魅力あふれる浅草は、下駄が似合う街。新仲見世通りにある履物の「辻屋本店」は、舟形、二枚歯、右近、千両といった下駄はもちろん、草履や雪駄など履物のことなら何でもおまかせあれ。豊富な種類の中から台を選んで、好みの鼻緒を合わせると目の前で熟練の職人さんが鼻緒を挿げてくれます。「足にぴったりとひっついている感覚」で挿げられた履物は、歩きやすく疲れしらず。値段は、台と鼻緒で六千円からと手頃です。

二枚歯の下駄5,775円、黒塗り舟形下駄9,775円、すべて鼻緒代込み

鼻緒を挿げる店主辻毅政（たけまさ）さん。下駄の履き方などいろいろ教えてくれます

鼻緒は300種類以上。見れば見るほど迷ってしまいそう

- 03-3844-1321
- 台東区浅草1-21-8
- 10：00～19：00
- 無休
- http://www.getaya.jp/

浅草 御法川屋《あさくさ　みのりかわや》

土踏まずのカーブが足にフィット

浅草言問橋近くにある、明治三十一年（一八九八）創業の老舗履物店。草履、和装小物の製造、卸、販売を行っています。

草履初心者や健脚派におすすめしたいのが、歩きやすく疲れにくいと評判のwavy草履。土踏まずの部分にふくらみをもたせているため、足の裏にぴったりフィット。本牛革にコルク芯を使った少し広めの台と、内側にビロードを使った鼻緒は、足にやさしい履き心地です。台は、ベージュや薄いグレー、パール光沢など、着物の色を選ばない中間色が中心。鼻緒は西陣の帯地や刺繍をほどこした生地、印伝など豊富にそろっています。

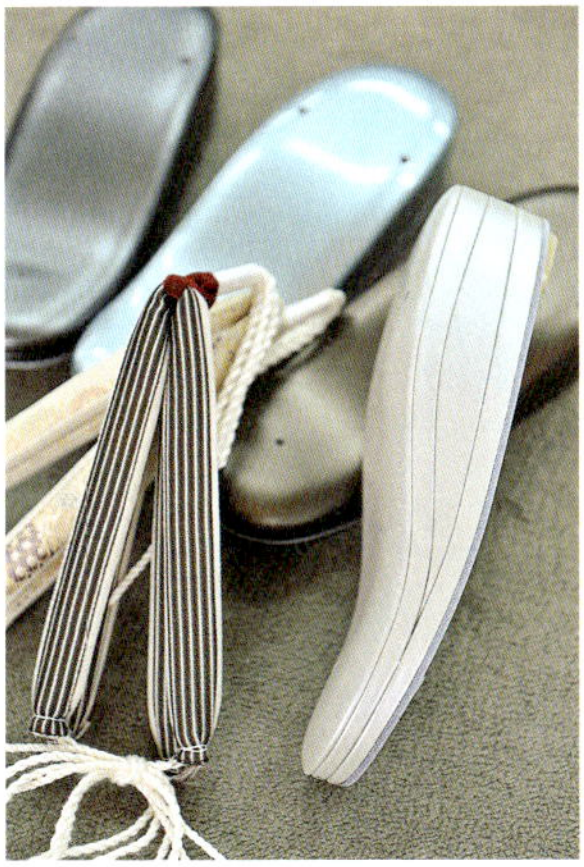

お好みの台と鼻緒を選びその場で挿げてもらえます。料金は27,000円～

七五三のバッグと草履のセット50,000円も人気

- 050-3516-1880
- 台東区浅草6-3-10
- 9：00～18：00
- 土日祝お休み
- http://www.warakukan.jp/

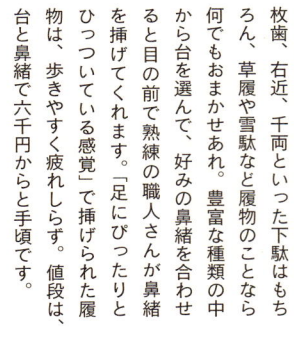

デザインと履き心地にこだわった履物をお誂え

楽艸《らくそう》

ウールの千鳥格子の黒のエナメル草履29,400円と共布で作ったクラッチバッグ30,450円。台は22,050円〜。花緒は5,250円〜26,350円

浅草の和装履物メーカー「高橋慶造商店」のブランド「楽艸」。都会的センスと履き心地の両方を兼ね備える履物は、ワンランク上のおしゃれを楽しみたいという多くの人々に支持されています。商品企画デザインを手がける高橋由貴子さんのモットーは「履く人の立場にたったものづくり」。京都や浅草の職人さんのもとに直接足を運び、洗練されたデザインと履きやすさにこだわった商品を提案しています。また、草履とコーディネートしたいクラッチバッグやパーティーバッグなど、洋装にあう和装小物も人気です。

広々としたショールームでは、履物の用途や着物のスタイルをじっくり相談しながら、ぴったりな履物をお誂え。台の色や大きさ、高さ、鼻緒の種類だけでなく、おそろいのバッグなど希望するオーダーにすみずみまで応えてくれます

- 03-3873-2398
- 台東区浅草5-68-4
- 9：30〜17：00
  事前に予約を入れて訪問を
- 日祝・第２・３土曜お休み
- http://www.rakusou.co.jp/

花街に店を構える足袋屋さん

向島めうがや《むこうじまみょうがや》

「江戸の履きだおれといわれましたように、昔は東京に何百軒もあったという足袋屋が腕を競ったもんです」と話すのは、五代目店主・石井芳和さん。向島の料亭街の一角に粋筋らしい名残をとどめた店構えで建っています。

既製の足袋は、細型、普通型、甲高型、外反母趾型の四種類。誂えの場合は、足の長さや足首まわりなど、約二十箇所を測って足型をおこし、まず一足を作成。試し履きと洗濯をしてもらった後、履き心地など気になるところがあれば手直し。履く人の気持ちにとことん沿った足にぴったりの足袋が手元に届きます。

ドイツ製のミシンを使い、つま先部分を縫う石井さん。全工程の中でも最も神経を使う作業だそう

- 03-3626-1413
- 墨田区向島5-27-16
- 9：00〜18：00
- 日祝お休み

誂え足袋は６足から注文可。36,960円（白足袋６足）。既製の足袋は１足3,360円〜。白足袋の他に柄足袋、半足袋、本麻足袋、別珍足袋などもあります

歌舞伎役者御用達の扇店

文扇堂《ぶんせんどう》

坂東玉三郎さんや中村勘三郎さんなど歌舞伎界のご贔屓も多いお店です。生粋の浅草っ子のご主人が描く江戸扇子は、どれも余白をいかした遊び心あふれるデザイン。日本舞踊や歌舞伎など舞台用扇が専門ですが、季節のモチーフをあしらった普段使いの扇子も販売しています。扇子の裏面は、手描きで名前を入れてくれるサービスも。他にも手摺りの木版ぽち袋や根付など、着物まわりの粋な脇役がそろっています。

人気歌舞伎役者さんの名前がずらり

江戸小紋のイメージでデザインした扇子「縞とひょうたん」9,500円、「お祭りぼたん」8,500円、根付「鉄瓶」7,140円「波ちどり」5,880円

- 03-3841-0088
- 台東区浅草1-20-2
- 10：30〜18：00
- 毎月20日以降の月曜お休み

三兄弟が受け継ぐ鼈甲細工

鼈甲磯貝 浅草オレンジ通り店《べっこういそがい》

飴色に輝く柔らかな艶と肌にやさしいつけ心地が魅力の鼈甲細工。「鼈甲磯貝」では、二代目・磯貝實さんの技を三人の息子さんが受け継ぎ、工房兼店舗で販売。店内では、タイマイといわれる亀の甲羅から鼈甲に加工する作業を目の前で見ることができます。鼈甲というと高価なイメージですが、「もっと若い人にも親しんでほしい」と、珊瑚や翡翠をつけた玉かんざしや帯留など手頃な値段のものも。三兄弟自らデザインを手がけるとあって、お客さんとの交流から生まれた新しい鼈甲細工が誕生しています。

浅草店を担当する三男の磯貝大輔さん。鼈甲にやすりをかけて仕上げの作業をおこなっています

金蒔絵をほどこした帯留（前・奥ともに）126,000円、銀杏42,000円、亀63,000円

手前から和ぴん136,500円、翡翠と珊瑚の玉かんざし各37,800円、犬のかんざし28,350円

- 03-3845-1211
- 台東区浅草1-21-3
- 10：30〜18：00
- 水曜お休み
- http://www5e.biglobe.ne.jp/~bekko/

使いこむほどに髪になじむつげの櫛

よのや櫛舗

よのやくしほ

伝法院通りにある創業百余年のつげ櫛の老舗。「よのや型」と言われる櫛の両端が、なで肩になった形は、手になじみやすく、やさしい印象です。櫛やかんざしは、鹿児島指宿産のつげの原木を三十年間寝かせてから作るといい、使えば使うほど髪にしっとりとなじむ逸品です。

「一生使えるつげ櫛だからこそ、使う人の髪質にあったものを」と語るのは、四代目の暖簾を守る斎藤悠さん。櫛選びの相談にも気軽に応じてもらえます。

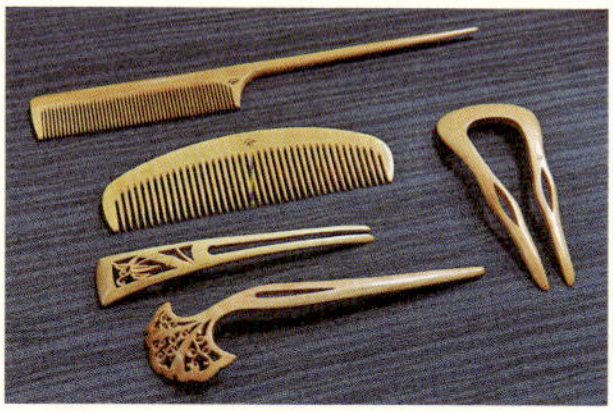

手前から、銀杏7,800円、12,800円、本つげとかし櫛12,000円、セット櫛3,800円、かんざし竹5,800円。他漆塗りの玉かんざしなども販売

- 03-3844-1755
- 台東区浅草1-37-10
- 10：30～18：00
- 水曜お休み

江戸の粋を一枚の手ぬぐいに

ふじ屋

ふじや

襟かけやかぶり物など、様々な使われ方をしてきた手ぬぐい。「ふじ屋」では、江戸時代の売れっ子戯作者・山東京伝が開催した『手拭合《たなくひあへせ》』を復刻し、店主・川上千尋さん自ら手描きしたオリジナルの手ぬぐいを販売しています。そのデザインは、どれも大胆かつ洒脱。くすっと笑みがこぼれます。

黒地に目だけを染め抜いた「熊野染め」。めくじら（目鯨）をたてぬように、飾るときは横にして。1,300円

西瓜模様の手ぬぐい「あをによし」。万葉集の歌を西瓜に見立てて、「あをによし並ぶ西瓜も辻々の君になれてや色に出にけり」の狂歌をそえて。1,800円

- 03-3841-2283
- 台東区浅草2-2-15
- 10：00～18：00
- 木曜お休み

使うほどに愛着がわくモダン手ぬぐい

染の安坊 浅草本店

そめのあんぼう

伝統的な柄にモダンなセンスを融合させたデザインの手ぬぐいをはじめ、風呂敷やブックカバー、扇子、財布など、様々なアイテムがそろいます。「染の安坊」の手ぬぐいは、一つ一つ手すきで染色する「手捺染《てなっせん》」という技法で染められているため、何度使っても質感や色合いが変わらない、しっかりとした風合いが特徴。使えば使うほど愛着がわいてきます。

日本の四季を感じるデザインがいっぱい！

- 03-5806-4446
- 台東区浅草1-21-12
- 10：30～19：00
- 不定休
- http://www.anbo.jp/

古き良き江戸情緒を色濃く残す谷中界隈。職人気質のお店や古民家をいかしたアンティークショップやギャラリーに出合えます。

小粋でモダン 江戸千代紙の世界

菊寿堂《きくじゅどう》 いせ辰《いせたつ》 谷中本店

京都の公家文化から生まれた千代紙。江戸に伝わって以来、町人文化の発展や浮世絵技術の普及とともに庶民に広まりました。元治元年（一八六四）創業の「いせ辰」は、東京で一軒だけ残る江戸千代紙の版元として知られ、代々受け継がれてきた手摺りの良さを伝えています。店内には、「かまわぬ」や「隈取り」といった歌舞伎柄や縁起物、郷土玩具など江戸っ子らしいモチーフから、竹下夢二デザインのモダンな絵柄の千代紙がそろいます。同じ三崎坂下に千駄木店があります。

美しい木版手摺りの千代紙。姉様ちらし3,990円、紅葉、夕桜各2,625円。千代紙のほどよい厚みと風合い、色あせることのないデザインが魅力

- 03-3823-1453
- 台東区谷中2-18-9
- 10：00〜18：00
- 無休

店頭には、張子人形や和小物が飾られています

古裂《こぎれ》 夢市《ゆめいち》

懐かしい布のぬくもりにふれる

下町情緒あふれる谷中三崎坂のほど近くにあります。店主の江上かおりさんがお店を開いた原点は、小さい頃、両親と行った骨董市で「古いものが持つ懐かしさや温かさ」に魅せられたことから。十六年前に骨董や古裂を扱うお店としてスタートし、しだいにアンティークやリサイクルの着物・帯を扱うようになりました。木造家屋の店内には、庶民の日常の暮らしの中で生まれた木綿や野良着なども置かれ、布のぬくもりにあふれた居心地の良い空間。江上さんとのおしゃべりに、ついつい時のたつのを忘れてしまいます。

濃い茜色の紬25,000円、大田子作染め帯28,000円。着物は、30,000円前後の紬を中心に、ベーシックな柄がそろいます

左から吉野格子帯、バティック帯、辻が花風染め帯、深い緑色の紬しゃれ袋帯など15,000～28,000円

- 03-3828-2906
- 台東区谷中2-16-10
- 12：30～18：30
- 水・金曜お休み
- http://www.kogire-yumeichi.jp/

平井履物店《ひらいはきものてん》

メーカー直営店ならではの質と値段

一本の桐の木からくり貫いて作る「真物(まぶつ)」と呼ばれる下駄・白木小町柾(しらきこまちまさ)10,920円(手前)、白木舟形畳表茶竹14,170円

竹皮を丁寧に編みこんだ感触が気持ちいい竹皮草履1,680円

製造から卸、小売までを一貫して行う履物店。ここにしかない逸品を格安の値段で販売しています。なかでも店主の平井さんがおすすめするのは、高級履物として知られる畳表の下駄。熟練の技を必要とするため「これほど目が細かくつまった畳表には、なかなか出合えません」と作り手だからこそ言える絶対の自信をのぞかせます。鼻緒も内側に本天(ビロード)を使い、たっぷりと綿をつめこんだもの。前ツボの芯に麻紐を使っているため、履き心地が変わりません。男性用の下駄や雪駄も充実しています。

- 03-3822-7691
- 台東区谷中2-18-8
- 11：00～18：00
- 水曜お休み
- http://www.rakuten.ne.jp/gold/hiraiya/

趣ある石畳の路地や横丁に一歩入れば、粋な江戸の風情がただよいます。芸者さんや落語家さん御用達の履物店や、モダンな和雑貨ショップも。

神楽坂土産に和の香りを

香舗《こうほ》 椿屋《つばきや》

神楽坂のシンボル、毘沙門天のほど近く。あたりにただよう上品な香りに誘われ店内に入ると、季節をイメージしたお香やかわいらしい匂い袋、手紙にしのばせたい文香などさまざまな和の香りが並びます。気の利いた神楽坂土産として、和紙を使った便箋や封筒、木版刷りの葉書、江戸扇子なども人気。季節にあわせた香りを楽しむ香席を二ヵ月ごとに行っています。

縮緬細工がかわいらしいうさぎの匂い袋1,260円

手描き友禅がほどこされた匂い袋2,625円

オリジナルの香り「鶴賀香」が入った香袋懐剣2,625円

- 03-5261-0019
- 新宿区神楽坂3-6
- 10：00～20：00
- 無休（年末年始お休み）
- http://www.per-fume.jp/

ワードローブに良質なポリエステル着物を

きもの英《きものはなぶさ》

季節の花々を生けた明るくモダンな店内には、ポリエステルの反物が並びます。「きもの英」は、昭和四十二年（一九六七）の創業から、数少ないポリエステル着物専門店としてスタート。すべて自社工場や京都の一流処で染めたオリジナルのみを販売しています。

化繊の素材といえば、質感や風合いが気になりますが、厳選した最高級の白生地を使用しているため、絹と変わらない適度なシャリ感としなやかさがあります。洗濯機で洗っても型崩れしない仕立ての良さも人気で、茶道や日舞などのお稽古着、仕事着として愛用する人も多いそう。日常のワードローブの一つとしても加えたくなります。

雪輪柄小紋99,750円、宝尽くし名古屋帯71,400円（2点とも仕立て込み）

笑顔が素敵な女将の武田佳保里さん。HPのコラムも人気

- 03-3269-8723
- 新宿区神楽坂1-15 神楽坂1丁目ビル
- 10：00～18：00
- 無休（年末年始・夏季休みあり）
- http://www.kimonohanabusa.co.jp/

長襦袢各52,290円（仕立て込み）

神楽坂の文人たちに愛された履物店

助六《すけろく》

創業明治四十三年（一九一〇）。菊池寛や与謝野晶子など、文人たちが足しげく通ったことでも知られています。

店内にはオリジナルの草履や下駄をはじめ、袋物、和洋傘といった小物がずらり。草履には本コルクを使用するなど、高品質の商品作りにこだわっています。「履物は、かかとを出して履くのが江戸っ子の心粋ってもんです」と話すのは、三代目当主・石井要吉さん。今も芸者衆や噺家さんなどのお馴染みさんが多く、神楽坂の粋筋に愛されています。

手前から高右近ごま竹一本入り24,150円、歌舞伎式幕塗舟型下駄18,900円。店内では、石井さん自ら鼻緒をすげてくれます

- 03-3260-0015
- 新宿区神楽坂3-6
- 10：30～20：00（土日祝11：00～19：00）
- 第2・3日曜お休み
- http://sukeroku.in/

左から銀柳臙脂艶消し39,900円、右2つとも真綿入り古典型草履45,150円

江戸から続く染めの技を今に伝える

神田川～妙正寺川界隈

東京は日本有数の染めの産地

「染めの着物」といえば、まず京都や金沢が思いうかびますが、東京も日本有数の染めの産地であることは、あまり知られていないのではないでしょうか。江戸の染め物は、神田紺屋町の地名に代表されるように、神田川流域や浅草隅田川界隈に発展し、明治から大正、昭和にかけては、多摩川、目黒川沿いにも広がっていきました。当時、流行の最先端であった日本橋の呉服店や百貨店から発信される多くの着物が、東京で生まれていったのです。東京は着物の消費地であったとともに、染めの一大産地でもありました。

富田染工芸そばの神田川の眺め。昭和30年代までは、染色した生地を川で洗い落とす作業がおこなわれていました

川沿いに息づく染色文化

時代の流れとともに、着物が日常のものから離れ、東京の染め物業者も減少していきましたが、神田川から妙正寺川沿いを中心とした地域には、今も着物を支える多くの職人さんが活躍しています。江戸小紋や江戸無地染め、手描き友禅などの工房や、染色補正や湯のし、洗い張りなど約百軒の業者さんが、東京の着物文化をしっかりと支えています。

なかでも、大正時代から続く二軒の染めの老舗では、工房を一般に公開し、東京の染めの魅力を今に伝えています。

早稲田、神田川沿いにある「富田染工芸」は、伝統的な手技を生かした江戸小紋と江戸更紗の工房で、「東京染ものがたり博物館」として公開しています。大正時代に建てられた、昔ながらのたたずまいが残る工房では、今も職人さんが熟練の技をふるっています。代表の富田さんは、東京の染めの魅力について、「京都や金沢と比べると見た目の華やかさや派手さはないものの、渋味のある深い色や、江戸の庶民文化を感じさせるすっきりしたデザインが魅力」と語ってくれました。

富田染工芸の工房の天井には、創業当時から使われてきた樅の1枚板がぎっしりと並んでいます

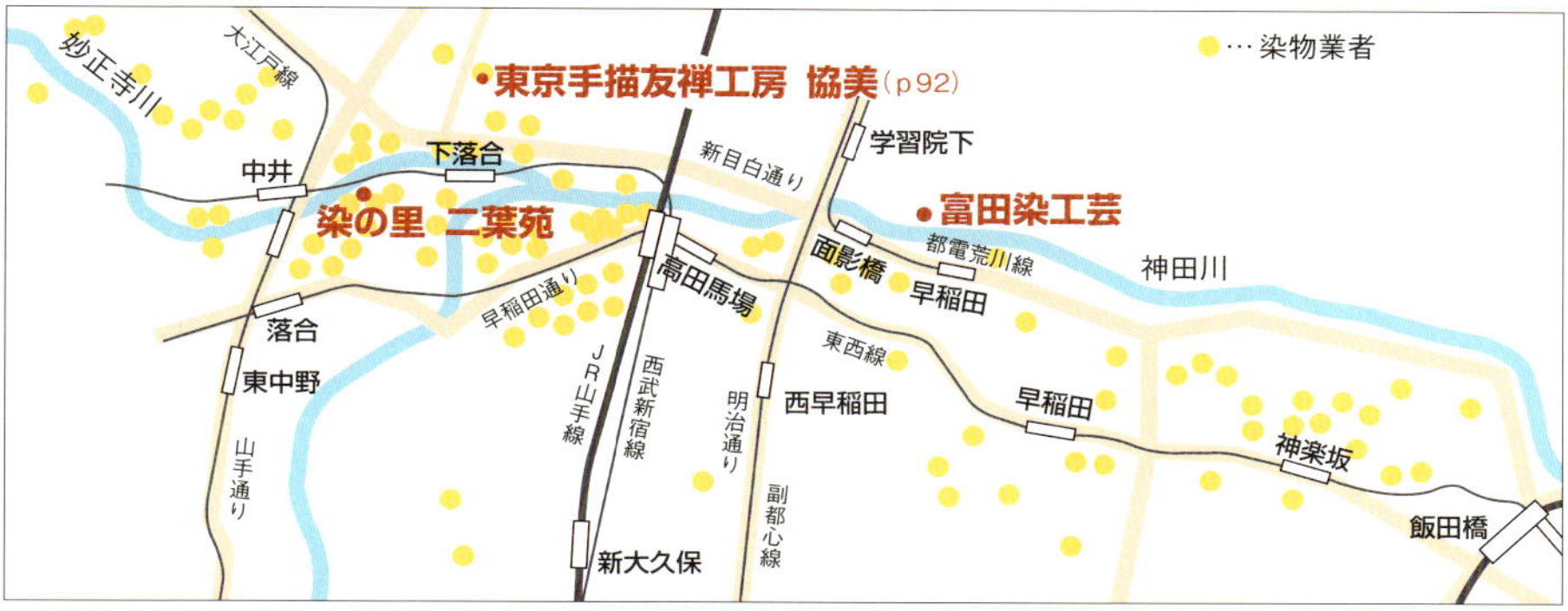

飯田橋から中井駅周辺にかけては、染めの工房のほか、染色補正や洗い張り、紋章上絵など、約100軒が集中しています

富田染工芸から神田川を上流にのぼり、妙正寺川と合流する落合は、その水の豊富さと美しさから、明治、大正時代の最盛期には約三百軒の染色業者があったといいます。妙正寺川のそばにある「染の里二葉苑」では、江戸更紗や江戸小紋の作業場を予約なしで窓ごしに見学することができるとともに、染色体験や染色教室を開いています。工房に併設したギャラリーでは、江戸更紗や江戸小紋生地を使ったモダンなアクセサリーや小物を販売。「着物」だけでなくファブリックとしての新しい魅力を発信しています。

毎年秋には「落合ほたる」と題して、落合界隈の小紋、手描き友禅などの工房や、湯のしなど着物まわりの仕事場をを開放するイベントを開催。ふだんはなかなか見ることができない作り手の現場を一日でふれられる機会とあって、人気をよんでいます。

川沿いに発展してきた染め物、そして着物の仕事。現在は、染色した生地を洗う作業も見られなくなりましたが、今もなお、神田川から妙正寺川ぞいには江戸からの匠の技が受け継がれています。

白生地の反物がつられた工房で、刷毛を使い、色を挿していく岡野さん（写真上）と、生地についた余分な染料や糊を洗い流す森本さん（写真左）。若い職人さんたちが活躍しています

二葉苑のギャラリーで販売している江戸更紗や江戸小紋を使った小銭入れ。カフェも併設

取材・資料協力

富田染工芸 MAP P70、89
- 新宿区西早稲田3-6-14
- 03-3987-0701

染の里 二葉苑 MAP P91
- 新宿区上落合2-3-6
- 03-3368-8133

落合ほたる
- http://www.otiaihotaru.com/

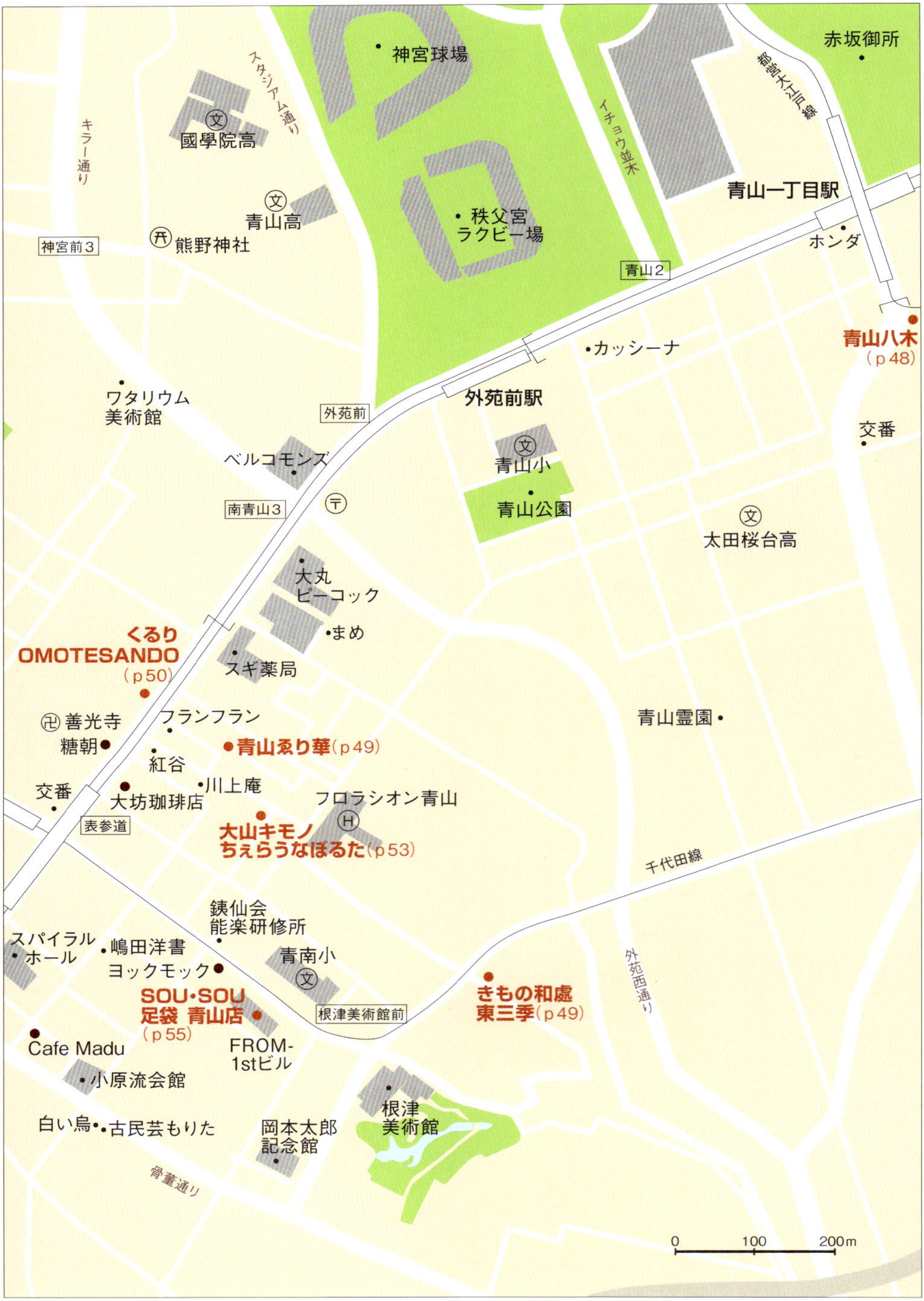
神宮球場
赤坂御所
スタジアム通り
都営大江戸線
キラー通り
國學院高
イチョウ並木
青山一丁目駅
青山高
秩父宮ラクビー場
神宮前3
熊野神社
ホンダ
青山2
青山八木（p48）
カッシーナ
ワタリウム美術館
外苑前
外苑前駅
交番
ベルコモンズ
青山小
南青山3
青山公園
太田桜台高
大丸ピーコック
まめ
くるり OMOTESANDO（p50）
スギ薬局
青山霊園
善光寺
フランフラン
糖朝
青山ゑり華（p49）
紅谷
川上庵
交番
大坊珈琲店
フロラシオン青山
表参道
大山キモノ ちぇらうなぼるた（p53）
千代田線
銕仙会能楽研修所
スパイラルホール
嶋田洋書
青南小
ヨックモック
外苑西通り
SOU・SOU足袋 青山店（p55）
根津美術館前
きもの和處 東三季（p49）
Cafe Madu
FROM-1stビル
小原流会館
根津美術館
白い鳥
古民芸もりた
岡本太郎記念館
骨董通り
0
100
200m

表参道 青山 六本木

世界のファッションブランドショップが建ちならぶ表参道から青山エリアは、時代の最先端をいくモダンな着物ショップがそろいます。外国人も多い六本木には、地方の織物や履物の老舗メーカーの直営店が続々進出。日本に伝統的に受け継がれてきた技や文化が、世界に向けて発信されています。

都会の生活にとけ込むシンプルで上質な着物を

青山《あおやま》 八木《やぎ》

一見するとギャラリーのような店内には、無地感覚のモダンな着物や帯が並びます。

店主・八木健司さんは「着物、帯、小物あわせで完結するのではなく、着る人がまとうことで、はじめてトータルのコーディネートが完成します」と、装飾を最小限に省いたシンプルな装いを提案。柄をできるだけ減らした「八木好み」といわれる引き算のコーディネートは、都会の街中にも自然ととけ込み、着る人自身を美しく引き立てます。

着物初心者には、「上質な素材の無地感覚の紬を一枚持たれることをおすすめしたいですね。帯合わせの幅が広がりますし、帯揚げや帯締めで雰囲気を変えることができます」と八木さん。着物に対する真摯な気持ちが、訪れた人へも伝わってくるお店です。

手紡ぎ、手機、草木染で染められた八木オリジナル「八草紬」、染職作家・冨田潤製作の帯。ほか、紬は350,000円、小紋250,000円、帯は150,000円からそろっています

店主の八木健司さんと奥様の由実さん

白生地から染めているオリジナルの帯揚げ8,400円。別注も可能です

- 03-3401-2374
- 港区南青山1-4-2 八並ビル1F
- 12：00〜19：00
- 日・月曜お休み
- http://www.aoyama-yagi.com/

森荷葉さんプロデュースの和の空間

きもの和處《わどころ》 東三季《とうさんき》

左からターコイズグリーンの大島紬絞り250,000円、縮緬辻が花帯168,000円、華やかな黄色小紋76,000円、バルーン柄の塩瀬名古屋帯168,000円

和文化コーディネーターの森荷葉さんが総合プロデュース。風雅なたたずまいの一軒家では、一階は着物と着物まわりのお店、二階は着付けや和裁、茶道など和の習い事教室を行っています。「きもの和處 東三季」の着物といえば、色の鮮やかさが印象的。目の覚めるようなブルーやレモンイエローなど、キリッとした色をまとうことでパワーを与えてくれるようです。「青山という場所柄、仕事もおしゃれも意欲的に楽しむ女性が多いですね」と店長の小宮たつみさん。商品には、その年のトレンドカラーを取り入れるなど、現代的な着こなしを提案しています。

近くには、根津美術館もあります

- 03-3498-5600
- 港区南青山4-28-25
- 11：00〜20：00
  (日曜及び11月〜2月の祝日19：00まで)
- 無休(年末年始・夏季休みあり)
- http://www.silkandzen.co.jp/tousanki/

個人店ならではの丁寧で親身な対応

青山《あおやま》 ゑり華《えりはな》

左から矢代仁絣お召294,000円、新小石丸を使った加賀小紋252,000円(八掛付)、ひょうたん小紋155,400円、帯は柿本市郎作牡丹の加賀友禅294,000円

「大嘘つき」は身ごろ9,450円〜、替え袖3,990円〜。裾除けも同じ生地で作れます

加賀友禅とおしゃれ着を中心としたお店。もともと金沢にゆかりがあるため、加賀友禅ならではの「華やかさと上品さ」をただよわせた小紋やお召に力をいれています。店主の花岡さんは「着る人を応援するお店でありたい」と、スタッフ手作りの「おしゃれ通信」を毎月発行。着物のお手入れや着付けのコツなど、個人店ならではのきめ細やかなアドバイスが好評です。人気のオリジナル商品「大嘘つき」は、寸法に合わせた半襦袢を誂えできる優れもの。スナップボタンで取り替えできる袖は、豊富な長襦袢地の中から選べる上、袖だけのオーダーも可能です。

- 03-3405-6001
- 港区南青山3-10-37
- 10：30〜19：00
- 水曜お休み
- http://www.erihana.co.jp/

キモノをファッションに

くるり

「カジュアル着物」の代表格といえるショップ。オリジナルのプレタ着物や帯を中心に、リサイクル着物や小物などを幅広く取り扱い、東京に三店舗、名古屋に一店舗を展開しています。人気の秘密は、洗濯機で洗えるデニム着物や竹素材着物、簡単に結べるファブリック帯など現代の生活スタイルにあわせた商品作り。「あったらいいな」と思う機能的でおしゃれな商品を続々と生んでいます。また、一回五百円の「きものビギナーズスペシャルレッスン」や、無料の「コンシェルジュサービス」(どちらも要予約)など、若手スタッフが一緒になって、着物生活への一歩を応援してくれるメニューがそろっています。吉祥寺にある「くるりkesa」はP.67に紹介しています。

くるり OMOTESANDO

- 03-3403-8280
- 港区北青山3-5-9
  中央珈琲本社ビル1F
- 11：00～19：00
- 無休
  (年末年始・夏季休みあり)
- http://www.kuruririomotesando.com/

くるり agaru

- 03-3403-0319
- 渋谷区神宮前4-25-7
  コーポKビル2F
- 11：00～19：00
- 無休
  (年末年始・夏季休みあり)
- http://www.agaru.info/

スタイリッシュな都会派着物

くるりOMOTESANDO《くるり おもてさんどう》

二〇〇八年、表参道青山通り沿いに誕生して以来、スタイリッシュで都会的な和のアイテムを提案しています。オリジナルのプレタ着物や帯をはじめ、リサイクル着物やアクセサリー、和小物などを販売。リサイクル品は、新古品といわれる状態の良いものがそろいます。おしゃれ着や礼装用の着物が多く、小紋や紬は一万円台から、訪問着は七～八万円台が中心です。結婚式やパーティー用に「一式十万円」といった予算にも応じてくれます。

2点ともくるりオリジナル。プレタ正絹着物・水玉文84,000円、正絹博多八寸名古屋帯・玉菊58,800円

籠バッグや履物なども

個性的で大胆なコーディネートが人気

くるり agaru《くるり あがる》

ストリート系ファッションの若者が行きかう原宿界隈から一歩入った場所にあります。場所柄、「agaru」は、街着感覚で楽しめる個性的なリサイクル着物が多く、色鮮やかでポップな柄の商品がそろいます。華やかな小紋や振袖などは、パーティーや結婚式にぴったり。値段も一～二万円前後が中心とお手頃なこともあって、二十～三十代の女性に人気のお店です。

くるりの看板商品、人気のデニム着物・GIZA(ブルー) 31,500円とリネン名古屋帯・パトリシア・ボーダー42,000円

カジュアルに結べてアレンジ自在なファブリック帯

日常の装いとしてのリアルクローズの着物を提案

awai

あわい

日常の装いとしての「リアルクローズの着物」を提案。二〇〇八年のオープン以来、着実にファンを増やしています。人々を惹きつけるのは、「日本の伝統文化である着物の魅力を伝えたい」というスタッフの熱い思い。出勤時から着物を着ることで、日本の気候風土にあった衣服としての良さを体感。現代の生活スタイルに合わせた、新しいデザイン、色、素材のオリジナル商品を提案しています。定期的なイベントやホームページからの発信も、親しみやすさの一つ。「着物への思いを共有できる空間づくり」が、人気の秘密かもしれません。

ベージュの光沢あるお召紬126,000円、小豆色の縞献上帯71,400円（２点ともawaiオリジナル。仕立て込み）

老舗博多織メーカーであるawaiのオリジナル帯。丸菱小花89,250円、縞格子92,400円、小角無地89,250円。どれも着物を選ばず、長く愛用できそうなものばかり

女将の木下紅子さんとスタッフの山田亜里香さん

- 03-5770-6540
- 港区六本木4-5-7
- 12：00～20：00
- 火・第３水曜お休み
- http://www.awai.jp/

おしゃれ着として着たい洋服感覚の着物

kosode

こそで

かつてヨージヤマモトのテキスタイルデザイナーをしていた杉浦万美子さんが二〇〇四年にオープン。「洋服と同じスタンスで、気軽に着物を楽しんでほしい」と、オリジナルデザインの着物や帯、小物を比較的手頃な値段で提案しています。「kosode」は、「ちょっと、おしゃれをしてお出かけしたくなる」そんな気持ちにさせてくれる着物です。チェックやドット柄、更紗文様など豊富なバリエーションの半幅帯や、かわいらしい帯留など、遊び心を感じる品ぞろえが魅力です。

古代縮緬手描き水玉着尺168,000円、手描きに立葵フランス刺繍の帯90,300円、ピンクオパールの帯留26,250円、三分紐6,825円　着物は仕立て込みで100,000円台が中心

色柄豊富な半幅帯は20,000円台～

パールや天然石をベースにした帯留は10,000円台が中心

- 03-3478-1681
- 渋谷区神宮前1-2-7 林ビル1F
- 11：00～19：00（日祝は18：00まで）
- 月曜お休み
- http://www.kosode-kimono.com/

表参道
青山
六本木

アンテイークから現代ものまでそろう

壱の蔵《いちのくら》

畳敷きの２階は、振袖や留袖などフォーマル着がそろいます

着物スタイリストであり、多くの著書で知られる弓岡勝美さんのお店。弓岡さんが厳選したアンティークから現代までの良質な着物を販売しています。一階「ギャラリーKURA」は、カジュアルで入りやすい雰囲気。着物は一万円、帯は五千円から。帯締めや小物は五百円前後からと値段も良心的です。

「壱の蔵」の魅力といえば、なんといっても幅広い品ぞろえ。棚に並んでいるものとは別に膨大な商品ストックの中から、着物や帯、羽織や履物、バッグ、小物、アクセサリーにいたるまで、一度に購入することが可能です。希望の品があれば、スタッフに気軽に声をかけて。予算に応じた商品を提案してくれる上、コーディネートの相談にも応じてくれます。細工物用の縮緬や髪飾り、櫛といったアクセサリーも充実。原宿店のほか、松屋銀座本店（マップP.６）、成城店もあります。

黄八丈150,000円、椿の帯32,000円、帯揚げ5,000円、半襟18,000円。身長170cm以上の人にも対応できる着物も

技巧をこらした髪飾りもいろいろ

原宿の竹下通りから一歩入ったブラームスの小路にある店舗。写真は、１階の「ギャラリーKURA」。商品は、週１～２回ほど入荷

- 03-5474-2281
- 渋谷区神宮前1-15-1 VIA原宿103-A
- 11：00～19：00
- 無休
- http://ichinokura.info/

表参道
青山
六本木

シンプルで女性らしいコーディネートが魅力

大山キモノちぇらうなぼるた《おおやまきものちぇらうなぼるた》

表参道から一歩入った閑静な住宅街にある、リサイクルとアンティークの着物ショップ。店内はショーウィンドウからのやわらかい陽射しがあふれ、初心者にも入りやすい雰囲気です。オーナーの大山和子さんは、三十年近くアンティークショップを営んできただけに、着物を選ぶ目は確か。状態、質ともに良いものがリーズナブルな値段でそろう上、シンプルな中にも女性らしさがただよう上品なコーディネートが魅力です。センスの良さは、小物にも。おしゃれ度をグッとアップしてくれるアンティークのビーズバッグや作家ものの帯留などがそろっています。

サーモンピンクのグラデーションが美しい縦シボの小紋29,400円、塩瀬の名古屋帯21,000円

白とピンクのビーズバッグ各13,650円

人気の作家もの
OSTARAの帯留3,800円

「ちぇらうなぼるた」とはイタリア語で「昔々」という意味だそう

- 03-3479-8045
- 港区南青山3-14-9 1F
- 11：30〜19：30(日曜19：00まで)
- 火曜お休み
- http://www.oyamakimono.com/

アンティークの掘り出し物を探そう

ギャラリー川野《ぎゃらりーかわの》 表参道店

店内には、明治から昭和初期までの着物、帯、羽織などの昔着物と古裂がぎっしり。表参道という場所柄、着物や古裂好きはもちろん、外国人や舞台・芸術関係のお客さんも多く訪れるといいます。

着物は二千円から、はぎれは五百円からと値段は格安。アンティーク着物ならではの色鮮やかな生地の中から、掘り出し物を見つけて、裾除けや替え袖、半襟などにリメイクするのも楽しそうです。まめにのぞいてみるのがおすすめです。

手の込んだ日本刺繍がほどこされた帯や着物の他、木綿や紬、銘仙、縮緬などの古布もたくさん

着物や帯の種類ごとに陳列。男物や子供の着物も充実しています

- 03-3470-3305
- 渋谷区神宮前4-4-9
  フラッツ表参道102
- 11：00〜18：00
- 無休
- http://www.gallery-kawano.com/

美しく機能的な着物ランジェリー

サラサ・デ・サラサ

茶道家であり、パリコレブランドのデザイナーでもあった伊丹宗友《そうゆう》さんがプロデュースする着物ランジェリーを中心としたブランドショップです。

伊丹さん自身、着物で毎日を過ごしている経験から「見えてもおしゃれなランジェリーを」と、今までの和装下着のイメージを一新した商品を開発。上質で肌ざわりの良い素材やエレガントなレース使いなど、着心地とデザインを兼ね備えたランジェリーを生みだしました。二〇〇八年の発売直後から人気を呼び、現在も続々とアイテムを増やしています。

キモノブラウス18,900円、ペチコート15,750円。他に半襦袢や裾除け、和装ブラなど機能的で美しい商品がラインナップ

女性らしさがただよう美しいレースづかいが素敵

- 03-5466-1072
- 渋谷区神宮前6-28-9 東武ビル3F
- 12：00～19：00
- 日祝お休み
- http://saraca-de-sarasa.com/

おしゃれで疲れにくいモダン草履

菱屋カレンブロッソ《ひしやかれんぶろっそ》 東京ミッドタウン店

18色の豊富な色のバリエーションがそろう「カフェ草履」17,000円～。台、鼻緒、前ツボともに色のオーダーが可能

東京ミッドタウンにある大阪の和装履物メーカー「菱屋」の直営ショップです。カジュアルな「カフェ草履」は、疲れにくく履きやすいと人気。その秘密は、軽量でクッション性のあるEVA台とラバーソール底。足への負担が少ないため、アスファルトやコンクリートなど硬い路面を歩く都会生活にぴったりフィットした履物といえます。痛くない鼻緒もうれしい限り。大正十五年(一九二六)の創業以来培ってきた職人による鼻緒作りと挿げの技術が生かされています。

西陣織の生地を使用したバッグや財布、小物類は、和装・洋装ともに活躍してくれそう

- 03-5413-0638
- 港区赤坂9-7-4 東京ミッドタウン3F
- 11：00～21：00
- 不定休
- http://www.calenblosso.jp/

京都発！ ポップでモダンな地下足袋

SOU·SOU足袋《そうそうたび》 青山店

「SOU·SOU」は、地下足袋をはじめ、着物や家具など日本の伝統を活かしながら、現代の生活スタイルにあった新しい感覚の商品を生み出している京都発のブランド。青山店では、地下足袋やストレッチ足袋のほか、草履や下駄を販売。ポップでモダンなデザインは、洋服、和服ともに活躍してくれそうです。衣類や雑貨など全アイテムを扱う「SOU·SOU東京店」は、お台場のパレットタウン・ヴィーナスフォートにあります。

色柄豊富なストレッチ足袋2,000円。ルームシューズとして使ってもかわいい。地下足袋や草履の他に、足袋型靴下の足袋下よりどり２足1,050円も販売

- 03-3407-7877
- 港区南青山5丁目3-10 FROM-1stビル2F
- 11：00〜20：00
- 無休（年末年始お休み）
- http://www.sousou.co.jp/

雨の日の装いを華やかに演出

ハンウェイ

創業百二十年をむかえる京都の老舗が、六本木ヒルズに進出。都会の街にあったデザインと機能性をそなえたオリジナルの傘を提案しています。なかでも、日本の伝統的な織機で作る「真田耳」という生地を使った傘は、和傘のように、十四本の骨を使い、縦横二色の糸を使用することで、光沢ある高級感をただよわせています。着物でのお出かけが億劫になりがちな雨の日に華やぎを与えてくれそうな一本です。

８色のカラーがそろう「サナダミミ」21,000円。骨にカーボン素材を使用しているため、軽量なのもうれしい

傘のフォルム、骨、ハンドル、パーツなどの素材を選んでオーダーも可能

- 03-5786-9600
- 港区六本木6-10-1 六本木ヒルズ ウエストウォーク4F
- 11：00〜21：00
- 無休
- http://www.hanway.jp/

手紡ぎ手織りにこだわった麻小物

遊 中川《ゆう なかがわ》 東京ミッドタウン店

享保元年（一七一六）創業の奈良《なら》晒《さらし》の老舗「中川政七商店」がプロデュースする直営店。手紡ぎ手織りの麻をベースに「古き良き遊びごころ」をコンセプトとしたトートバッグやポーチ、ステーショナリーなど、かわいらしい和雑貨がそろいます。鹿や正倉院宝物などの奈良らしいモチーフも。麻織物の老舗として三百年の歴史を紡いできたものづくりの精神が、現代のライフスタイルにとけこむグッドデザインとして昇華され、発信されています。

かさね色目のバッグ8,925円、ギャザーポーチ1,365円、香りの小箱3,150円など。ほか真田紐を使ったトートバッグも

- 03-6804-1310
- 港区赤坂9-7-3 東京ミッドタウン3F
- 11：00〜21：00
- 無休（元日お休み）
- http://www.yu-nakagawa.co.jp/

帯の専門店やアンティークショップ、着物カフェなど個性的なお店が、閑静な住宅街にとけこむように点在しています。

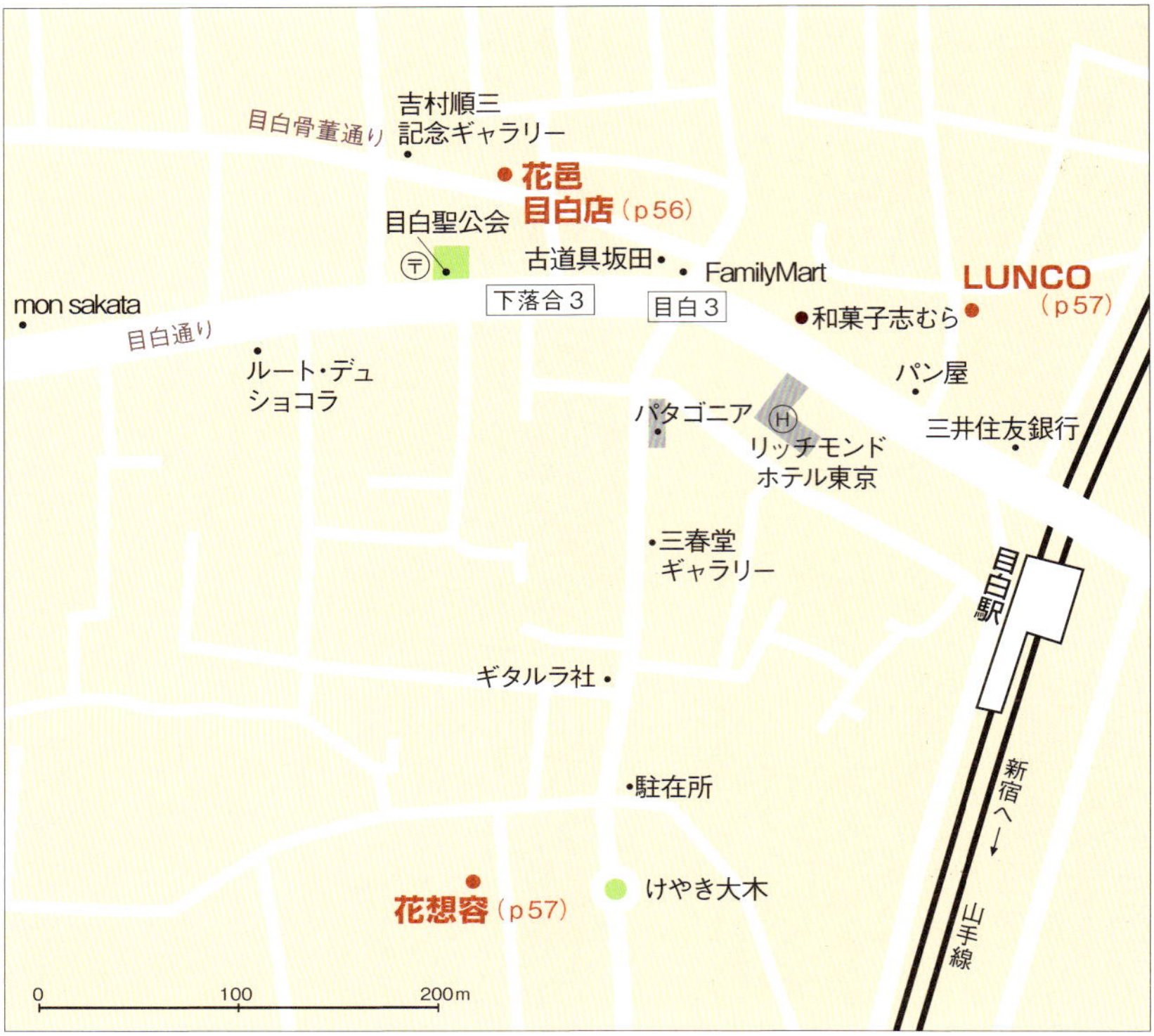

すぎえすみえさんの帯サロン

花邑《はなむら》 目白店

センスの良い調度品が置かれたサロンのような空間に、オーナーのすぎえすみえさん創作の帯や着物が並びます。「花邑」といえば、銀座店がありますが、こちらは娘の羽音さんが担当（P.13）。目白店は、帯職人のすぎえさんが、「職人の仕事を伝承したい」と二〇〇九年、店舗兼ギャラリー、仕立て教室としてオープンしました。ヨーロッパや和更紗の生地を使った帯が人気ですが、イタリアのアンティーク生地を使った帯や、京都西陣の工房とのコラボレーションも展開しています。

骨董店が点在する通りに面しています

- 03-6915-3373
- 豊島区目白3-8-2
- 11：00〜18：00
- 日・月曜お休み
- http://www.hanamuramejiro.jp/

左からオリジナルアンティークモダン和更紗袋帯139,000円、マリアーノ・フォルトゥニー比翼仕立ての昼夜帯210,000円、同布で作ったバッグ147,000円

日本の妖怪をモチーフにした帯留各21,000円

料金受取人払郵便

京都北支店
承　　認

1012

差出有効期限
平成25年 2月
28日まで有効

期限後は切手を
お貼り下さい。

郵便はがき

603-8790

013

（受取人）

京都市北区北山通堀川東入

光村推古書院

愛読者係 行

ご住所 □□□-□□□□ 都道府県

ふりがな

お名前　男・女　年齢　才

お電話（　　　）　－

◆ご職業
01:会社員　02:会社役員　03:公務員　04:自営業　05:自由業
06:教師　07:主婦　08:無職　09:その他（　　　）
10:学生（a·大学生　b·専門学校生　c·高校生　d·中学生　e·その他）

◆ご購読の新聞　◆ご購読の雑誌

推古洞のご案内

QRコードを携帯電話で読み込んで、表示されたメールアドレスに空メールを送信して下さい。会員登録いただくと当社の新刊情報などを配信します。

愛読者カード

東京きもの案内

●本書をどこでお知りになりましたか（○をつけて下さい）。

01:新聞　02:雑誌　03:書店店頭　04:ＤＭ　05:友人・知人　06:その他（　　）

＜お買いあげ店名＞（　　市区町村　　）

●ご購入いただいた理由

01: 観光の参考に　02: 着物が好きだから　03: 表紙に惹かれて

04: その他（　　）

●次の項目について点数を付けて下さい。

☆テーマ　1. 悪い　2. 少し悪い　3. 普通　4. 良い　5. とても良い

☆表　紙　1. 悪い　2. 少し悪い　3. 普通　4. 良い　5. とても良い

☆価　格　1. 高い　2. 少し高い　3. 普通　4. 少し安い　5. 安い

☆内　容　1. 悪い　2. 少し悪い　3. 普通　4. 良い　5. とても良い

（内容で特に良かったものに○、悪かったものに×をつけて下さい。）

01:写真　02:印刷　03:文章　04:情報　04:レイアウト　05:その他（　　）

●本書についてのご感想・ご要望

■注文欄

本のご注文がございましたらこのハガキをご利用下さい。
代金は後払い。（商品合計3000円未満は送料300円を申し受けます。）

京都きもの生活	編／ワークルーム	定価1,575円(税込)	冊
京都お泊まり案内帖	編著／アリカ	定価1,575円(税込)	冊
京都ぽちぽち墓めぐり	編著／アリカ	定価1,575円(税込)	冊
			冊

■当社出荷後、利用者の都合による返品および交換はできないものとします。ただし、商品が注文の内容と異なっている場合や、配送中の破損・汚損が発生した場合は、正当な商品に交換します。

面白くて刺激的！　大人スウィートな布世界

LUNCO《らんこ》

オーナーの永田欗子さんが「面白くてときめきを感じるものを」と、ガーリーシックなアンティークから現代の着物や帯、古裂をセレクトしています。華やかで大胆な花柄やユニークな動物柄、ロケットや飛行機を描いたファンタスティックな宇宙ものなど、多彩なデザインと鮮やかな色合いは、眺めているだけでも楽しくて刺激的。欗子さんの布へのときめきは、骨董市で古裂に魅了されて以来、今も変わらず続いているそう。縮緬や木綿、刺繍の古裂も充実。懐かしくてかわいいおもちゃも並びます。

竹に水仙の刺繍が美しい訪問着84,000円、孔雀と牡丹柄の袋帯99,750円、刺繍の半襟8,400円。着物、帯ともに状態のいいものが１～10万円でそろいます

ターコイズグリーンが配色された店内は、アートサロンのような雰囲気

2010年にリニューアルオープンした新店舗

- 03-3954-3755
- 豊島区目白3-14-8 1F
- 12：00～19：00
- 無休（臨時休、年末年始・夏季休みあり）
- http://www.lunco.net/

カフェ＆着付け教室から着物に親しんで

花想容《かそうよう》

閑静な住宅街を一歩入ると、趣のある古民家と小さな庭が出迎えます。静かで落ち着いた雰囲気のカフェには、反物や帯締め、和小物などがさりげなく置かれています。オーナー兼染色作家でもある中野さんセレクトの着物や帯を中心に扱っていますが、「のんびりお茶を飲みながら、着物を身近に感じてもらえれば」と、あくまでも、対応は自然体。カフェのお隣で行われる着付け教室では、知識豊富なスタッフが、着物のイロハからやさしく指導してくれます。「少しずつ着物に親しみたい」、そんな気持ちによりそってくれるお店です。

カフェでは抹茶やケーキセットの他、あんみつなども

絞り小紋157,500円、手描き友禅帯189,000円

通りから一歩入った場所にあるため、看板を目印に探して

- 03-3565-3265
- 新宿区下落合2-19-21
- 11：30～18：30
- 火曜・祝日お休み（カフェ水曜休）
- http://kasoyo.com/

アンティークショップや昔ながらの喫茶店などが点在する西荻窪は、街全体にゆったりとした時間が流れます。時計を気にせず、一日、のんびり着物散歩に出かけましょう。

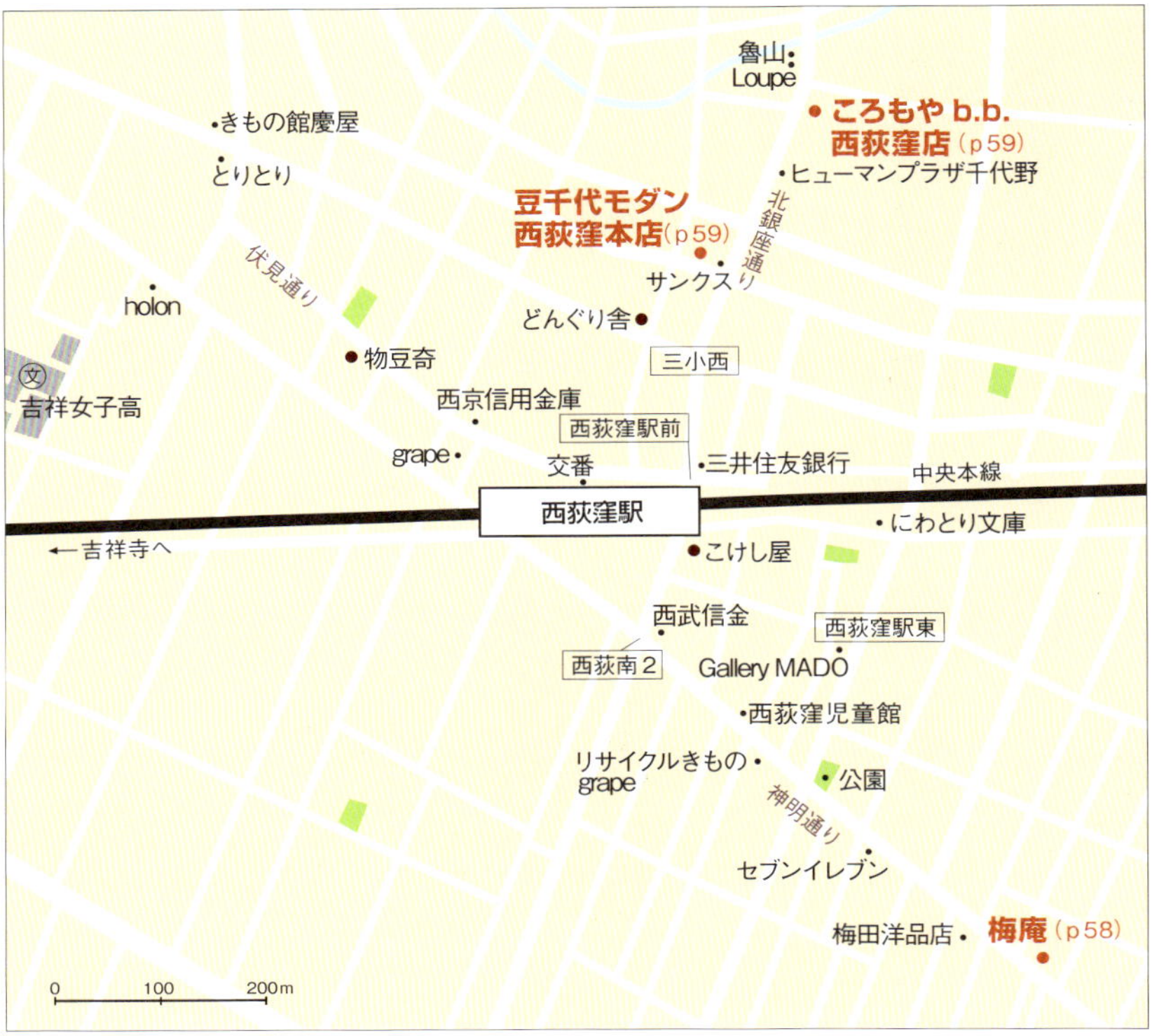

職人技の籠や下駄に出合える

梅庵

うめあん

「職人さんの手仕事が好き！」と語る店主・西原さんが選び抜いた籠や履物、骨董、アンティーク着物などが、所狭しと並びます。西原さんは、「長年日本に受け継がれてきた職人技を伝えたい」という熱い思いから、毎年、東北各地の伝統工芸士さんのもとを直接訪問。山葡萄やアケビ、マタタビ、イタヤカエデを使った手編みの籠や桐下駄などをオーダーしています。足の大きさにあわせた台で好みの鼻緒が注文できる下駄や雪駄も人気です。

籠は基本的にオーダー。素材や大きさなどを相談してから職人さんに依頼するため、手元に届くのは約１年後。出来上がりを気長に楽しんで

津軽のななこ塗りの下駄。履きこんでいくと徐々に艶がまして鮮やかに

- 03-3331-5558
- 杉並区西荻南4-3-3
- 事前に連絡を入れて訪問を
- 不定休
- http://www.k5.dion.ne.jp/~umean/

ちょくちょく通いたい西荻の着物ショップ

ころもや b.b. 西荻窪店

3点とも十日町の雪椿の葉を採集して引き染めした草木染の紬・雪椿シリーズ84,000円。オリジナルブランド『くれまちす』の帯は、84,000～94,500円

人形町にある着物ショップ「ころもや×WAGU」（P.24）の西荻窪店です。ゆるりとした空気がただよう街、西荻窪らしく、店内はのんびり、ゆったり。程良い距離感の接客が心地良く、ご近所感覚でちょくちょく通いたくなる雰囲気です。店長・塩島さんをはじめ、気さくな若手スタッフは、着付けのコツや着物まわりのちょっとした疑問に丁寧に応えてくれる、頼もしい存在。商品は、普段着物からフォーマル着物まで幅広く対応。毎月、新潟十日町の履物職人さんが鼻緒を挿げかえてくれるイベントや着付け教室も開催しています。

作家ものの帯留や根付などかわいい帯飾りも充実しています

■ 03-5382-0741
■ 杉並区西荻北2-27-8 西荻STビル1F
■ 12：00～20：00
■ 火曜お休み
■ http://www.koromoya.com/

モダンでポップ　豆千代さんのお店

豆千代モダン《まめちよもだん》 西荻窪本店

モダン着物界でカリスマ的人気を誇る豆千代さんが、「日常着としての着物」をコンセプトに自らデザインしたオリジナル着物を中心に扱っています。その魅力は、大正～昭和のアンティーク着物に現代のセンスを取りいれた、乙女心をくすぐるデザイン。素材は、正絹にこだわらず、ポリエステルなど化繊を使っていますが、高品質で着心地や使いやすさにこだわったものばかりです。また「女の子たちのお小遣いで買える商品を」と、手頃な価格も人気の秘密。着物の面白さ、かわいらしさがつまった豆千代は、着物女子の心をギュッとつかんでいます。新宿マルイワンに新宿店もあります。

レースをあしらった鼻緒で足元もかわいらしく。20,000円台から

キャンディーをイメージした着物、キャンディーストライプ34,650円、半襟リボンレース3,360円、華やかな薔薇が染められた名古屋帯 The Rose Bouquet 26,250円

■ 03-3301-8559
■ 杉並区西荻北3-32-2 ソレイユ西荻
■ 13：00～20：00
■ 月・火曜お休み
■ http://www.mamechiyo.jp/

1 沼袋

2 赤塚

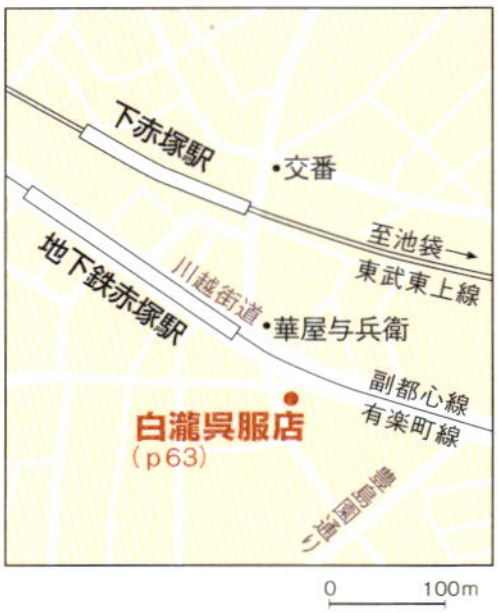

3 恵比寿

4 新宿

5 面影橋

6 入谷

7 上野

8 目黒

9 永福町

10 吉祥寺

11 四谷

その他

12 江古田

13 月島

14 新井薬師

15 品川

16 池袋

17 西新宿

18 駒場

19 紀尾井町

20 立石

21 中井

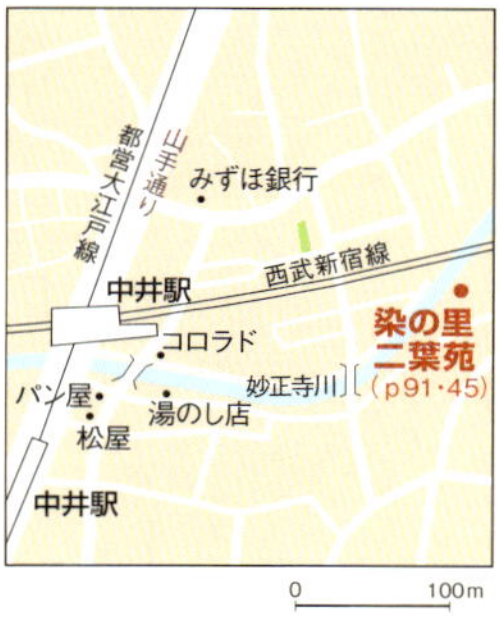

22 下落合

23 浅草橋

贅沢な空間で本物の手仕事の魅力にひたる

中野山田屋

なかのやまだや

明治初期創業の老舗呉服店。江戸小紋の小宮康孝さん、綴《つづれ》織の細見華岳さんなど人間国宝の作家を扱っています。美術館に所蔵されるほどの逸品ですが、こちらでは併設の染織アートスペース「シルクラブ」で、その作品にふれることができます。「シルクラブ」は、先代の御主人・西村重博さんが、「繭を作り上げるための足がかりである『まぶし（繭を作る場所）』のような存在でありたい」との思いをこめて創設。江戸小紋や更紗、銘仙やお召などの企画展を通して、積極的に染織の魅力を伝えてきました。

現在、その遺志を受け継ぐのは四代目のはなこさん。「気軽に企画展などに足を運んでいただいて、ゆっくりとご自分にあう色、着物を見つけていただけたら」と語ります。和風建築の贅沢な空間に、本物の手仕事の魅力が引き立ちます。しばし、都会の喧騒を忘れて、着物の世界にひたってみたいものです。

作家もの以外に比較的手頃な着物も多くそろいます。お召は、価格も手頃でおしゃれ着としてもおすすめしたい着物だそう。矢代仁お召113,400円、岡本紘子作型染め九寸帯294,000円

透明感と奥行きのある色合いと端正な柄が美しい小宮康孝作の江戸小紋の小袱紗

江戸小紋がお似合いな４代目のはなこさん。華やかで品のある憧れの着こなしです

- 03-3389-4301
- 中野区沼袋2-30-4
- 10：30～18：00
  事前に連絡にて訪問を
- 日曜お休み
- http://silklab.com/

MAP P60❶

庭の景色を見ながら、ゆったりと着物とむきあえる空間のシルクラブ

日本庭園をめでながら和文化に親しむ

白瀧呉服店《しらたきごふくてん》

木々の緑や水の音を感じていると都心であることを忘れてしまいそう。茶道や和裁、華道など文化教室も行っています

左から木目染め小紋225,000円、牛首紬地に花柄染めの帯198,000円、花唐草の染め小紋220,000円、洒落袋帯52,000円

嘉永六年（一八五三）創業の老舗。東京一広い呉服店といわれる三百坪ほどの敷地には、苔むした石や池が美しい日本庭園と茶室がもうけられ、都内とは思えないほどのゆったりとした時間がながれます。五代目の白瀧幹夫さんは、「呉服店という枠にとらわれず、和文化に親しんでほしい」と「白瀧寄席」と題した落語の会をはじめ、三味線、能といった催しやワークショップを開催し、人気を呼んでいます。店内は、老舗という堅苦しさはなく、普段着からフォーマルまで幅広い品ぞろえ。手頃でおしゃれな帯留や、着物に合わせたい籠バッグも並びます。

５代目の白瀧幹夫さんと若女将のあゆみさん

- 03-3933-0033
- 練馬区北町8-37-11
- 10：00〜19：00
- 水曜お休み
- http://www.kimono-shirataki.com/

MAP P60❷

着物デビューをお手伝い

奥和屋《おくわや》

本場大島紬凛々彩格子160,440円、松煙染紅型九寸帯92,190円（２点とも仕立て込み）

左からピンク紺仁片貝木綿62,790円、格子の会津木綿19,929円、川越唐桟25,200円、シルクウール57,540円（全て仕立て込み）

創業明治二十三年（一八九〇）の「奥和屋」は、家族で営むアットホームな呉服屋さんです。女将の奥村としさんと娘の靖子さんは、「こんなお店が近くにあったらいいな」と感じる親しみやすさ。木綿やウールといった日常着から、街着、フォーマルまで、日本の絹と天然素材にこだわった着物がそろい、価格も良心的です。「着物の良さを多くの人に知ってもらいたい」と、初心者には着物と帯のセットやレンタル着物を用意。着付け教室など、初心者を応援してくれるメニューもそろっています。

一年中着物で過ごすという女将の奥村としさんと娘の靖子さん

- 03-5784-2951
- 渋谷区恵比寿西2-3-12
- 10：00〜19：00
- 火曜お休み

MAP P60❸

都会的な感性が光る着物

なか志まや

なかしまや

数ある東京の着物店のなかで「なか志まや」は、もっとも都会的な感性が研ぎすまされたお店といっていいかもしれません。

店主の中島寛治さんが、「いつまでも色あせることなく着まわしのきくものを」とセレクトするのは、上質なスーツのような着物。なかでも、光沢感と透明感がただようオリジナルの紋お召は、都会の街にすっとなじむクールでエレガントな装いを演出してくれます。また、スタイリストでもある中島さんのコーディネートは、帯合わせによってカジュアルにもセミフォーマルにも変化。まさに「着まわしのきく一枚」に出合えそうです。

西陣の紋お召八四格子着尺262,500円。
織楽浅野の洒落袋帯168,000円

新宿御苑駅から徒歩５分。
マンション２階にあります

- 03-5379-1797
- 新宿区新宿1-29-13 平井ビル201
- 11：00〜19：00
  事前に連絡を入れて訪問を
- 不定休
- http://www.nakashimaya.com/

MAP P60❹

手前から緯糸に銀箔を織り込んだ、オリジナル帯189,000円、洛風林の唐草モール糸紬地帯441,000円

仁平幸春さんの独創的な染めの世界

dye works Foglia

だいわーくす・ふぉりあ

独自のスタイルで着物や帯、布などテキスタイルを発表している染色作家の仁平《にへい》幸春《ゆきはる》さんの工房です。古典的な和柄だけでなく、ヨーロッパのレースや更紗などの伝統柄や、幾何学文様、大理石の質感など、さまざまなモチーフに新たな息吹を加え、独創的な染めの世界を生んでいます。クラシックなものから現代の着物まで、意外なほどすんなりとコーディネートができるのも、伝統を消化し、現代というフィルターを通して生んだ独自の作品からといえます。定期的に開催している工房展やイベントで作品を味わうこともできますが、個人的に帯や着物の注文にも応じています。

絵羽草木染めレース柄着物462,000円と、茜染めレース柄をほどこした帯210,000円

図案から染めまでほとんどの作業を工房で行っている仁平さん。染め上がった反物に、金を引き立体感を出しています

古いヨーロッパのレースをアレンジした柄。まるで本物のレースを思わせるような質感

- 03-5273-8363
- 新宿区西早稲田3-7-11
  ハラダ面影橋マンション603
- 事前に連絡を入れて訪問を
- http://www.foglia.jp/ja/

MAP P60❺

ロックでスイート　着物界に吹く新たな風

ルミックス デザイン スタジオ

個性的な着物で人気の「ルミロック」ブランドのデザイナー・芝崎るみさんのアトリエ兼ショップです。ドキッとする艶っぽさと洒落っ気がただよう「ルミロック」のデザイン。根底に流れるのは、近松門左衛門の世界を描いたカラス、吉原で暖簾に使われたという吉原繋《つなぎ》など、文楽や歌舞伎に描かれる「江戸の情緒」といいます。対して、近年は「ルミフルール」として「不思議の国のアリス」など、乙女心をくすぐるデザインもラインナップ。辛口、甘口どちらも生み出す芝崎さんの変幻自在な世界。これからも着物界に新たな風を巻き起こしそうです。商品はアトリエでも扱っていますが、不定期に行っているイベントでも購入できます。

店長の金子一昭さんが型紙を製作。注染染めの浴衣「銭形平次」29,400円

ローズラビット92,400円（左）、小紋振袖136,500円（2点とも反物価格）。名古屋帯シンデレラ73,500円、ハニーミント帯締め12,600円

江戸の色香を残す吉原神社の目の前にあるアトリエ

- 03-3876-7651
- 台東区千束3-23-11
- 10：00〜18：00 事前に予約を入れて訪問を
- http://kimonoswitch.com/

MAP P60⑥

アーティスト・高橋理子さんのアトリエ

TAKAHASHI HIROKO BASE

たかはし ひろこ べーす

「今、ここから始まる伝統」をコンセプトに、現代の感覚で日本ならではのものづくりを行うアーティスト、高橋理子さんのアトリエ「TAKAHASHI HIROKO BASE」です。アート、クラフト、ファッションなど多岐にわたる活動を展開する高橋さん。コミュニケーションも表現の一つという考えのもと、アトリエでは、円と直線を配したグラフィカルな浴衣や、伝統工芸士・田島輝久氏とのコラボレーションによる江戸小紋や、西陣織の帯の他、注染手ぬぐいや扇子等、オリジナルブランド「HIROCOLEDGE」の商品販売も行っています。

伝統工芸士・田島輝久氏とのコラボレーションで生まれた東京染小紋346,500円と西陣織全通本袋帯945,000円

JR御徒町〜秋葉原駅間高架下に2010年12月に誕生したクリエイターのためのアトリエショップ＆カフェ『2k540 AKI-OKA ARTISAN』

手ぬぐい1,470円、バッグ2,940円、扇子4,725円

- 03-6240-1327
- 台東区上野5-9-18 2k540 AKI-OKA ARTISAN
- 11：00〜19：00
- 水曜お休み
- http://takahashihiroko.com/

MAP P60⑦

時代着物の真髄にふれる
時代布《じだいぬの》 池田《いけだ》

アンティーク着物のコレクターとしても知られる池田重子さんのお店。昭和五十一年（一九七六）のオープン以来、アンティーク着物の草分け的存在のお店として知られるだけに、ハードルが高く感じますが、店内はいたって気さくな雰囲気です。初心者にも知識の豊富なスタッフが、用途や予算に応じて丁寧に相談に応じてくれます。

チーフデザイナーの城田さんは、「着物をハレのものだけと思わずに、もっと自由な感覚で、お金をかけずに楽しんでほしいですね。初めての方は、スタッフと一緒に選んでいきましょう」と、心強いアドバイスをしてくれました。

店内は、着物はもちろんのこと、かんざしや帯留、刺繍半襟、古裂などが所せましと置かれ、豊富な品ぞろえ。アンティークならではの鮮やかな色や風合い、大胆な意匠と職人技。贅をつくして作られた着物に、時代を超えた美しさを感じることができます。

左の着物のコーディネート。水車と水鳥が描かれた昭和初期の夏の訪問着70,000円、丸帯28,000円、鼈甲にオパールがほどこされた帯留45,000円

細かな細工がほどこされた珊瑚の透かし彫り28,000円、芝山細工85,000円

大正末期から昭和初期までのアンティークの着物とリサイクル着物を扱っています。希望を伝えれば、別室にある豊富な在庫の中から取り出してもらえます

■ 03-3445-1269
■ 港区白金台5-22-11-101
■ 10：30～18：00（土日は17：00まで）
■ 水曜・祝日お休み
■ http://ikeda.6.ql.bz/

MAP P60⑧

確かな目で選ばれたクオリティーの高い着物

ぎゃらりい朱

ぎゃらりいあけ

品の良さと奥ゆかしさがただよう着物に出合えます。オーナー自身が古着の市場を開催しているため、たくさんの仕入れ品の中から、お店に合った着物だけを厳選。派手さは感じられないものの、クオリティーの高さと趣味の良さを感じる品がそろいます。お値段も控えめで、状態の良い着物と帯を扱っています。

二〇〇九年より、表参道から永福町駅近くの一軒家の一室に移転。オーナー夫人の自然体の接客は、ゆったりと着物と向き合う時間をあたえてくれます。

笹型染め小紋35,000円、シダ模様がほどこされた塩瀬帯25,000円

黒と紺縞の紬25,000円、ぜんまい織型染め名古屋帯65,000円、道明の帯締め8,500円

織りの着物を中心として、渋好みな色合いのものが多く並びます

- 03-5300-5066
- 杉並区永福2-60-25-A
- 11：00～18：00 事前に連絡にて訪問を
- 月・木曜お休み

MAP P60 ❾

和のお稽古で女を磨く

くるり kesa

くるり けさ

自然光がさしこみ、明るく広々とした空間です

カジュアル着物で人気の「くるり」吉祥寺店。都心から一歩離れた場所とあって、店内は広く、落ちついた雰囲気です。床の間を設けた畳敷きの部屋では、「和の女塾」として和裁教室や茶道体験、ヘアアレンジ講座などを定期的に開催。一日かぎりの講座とあって、和文化に気軽に親しめるのが魅力と人気をよんでいます。

他店同様、リサイクル着物と帯、くるりオリジナルブランドを扱っています。三十～四十代のミセス層の来店が多く、無地、縞、格子といったベーシックな紬や小紋の品ぞろえが豊富。くるりOMOTESANDOとくるりagaruはP.50に掲載。

洋服にもあわせたいおしゃれな和小物や雑貨が豊富にそろいます

男着物も都内3店舗の中で最も充実

- 0422-28-7088
- 武蔵野市吉祥寺本町2-10-10 Faroビル4F
- 11：00～19：00
- 無休（年末年始・夏季休みあり）
- http://www.kimonoya-kesa.com/

MAP P60 ❿

着物姿を決める帯締めの老舗

有職組紐《ゆうそくくみひも》 道明《どうみょう》

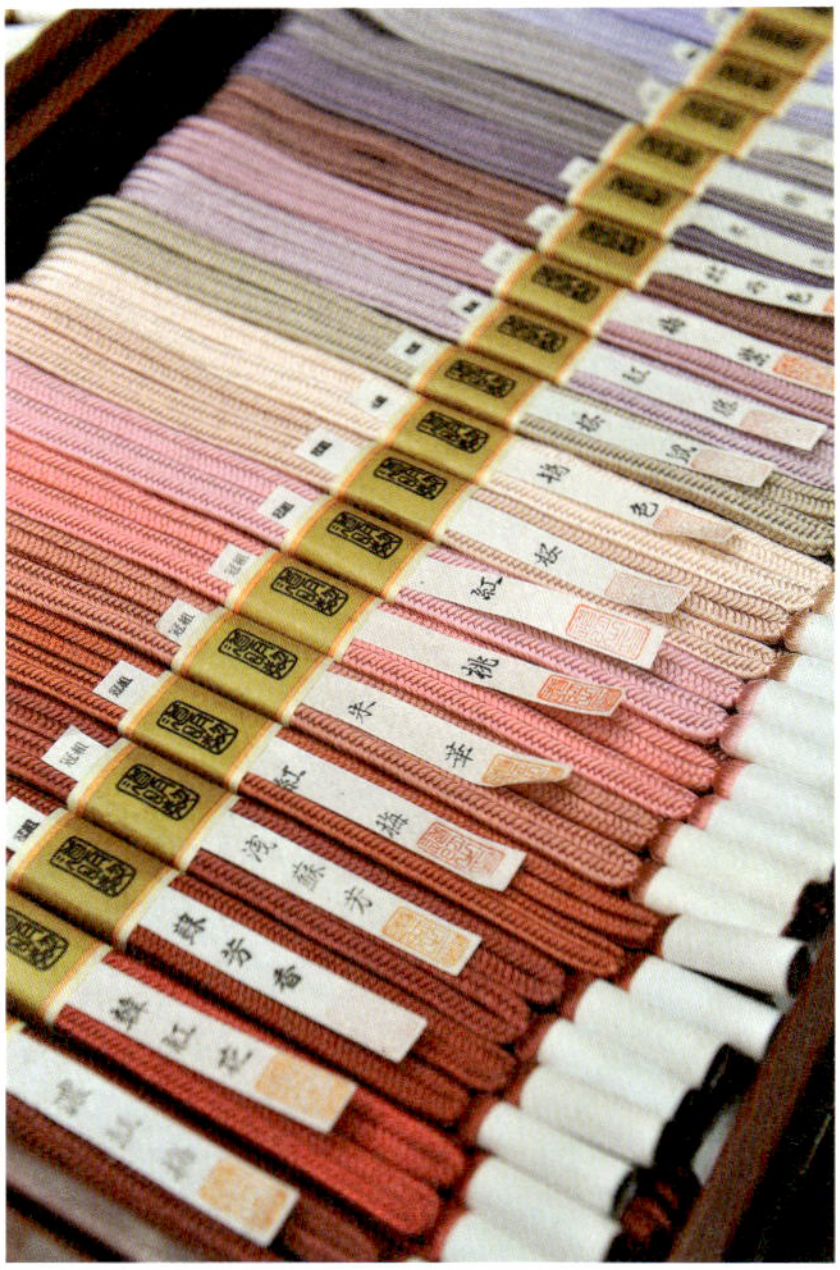
約150色そろう色のグラデーションを見ているだけでもほれぼれとする美しさ。単色の冠組（かんむりぐみ）14,000円

江戸中期創業の帯締めの老舗。上野池之端にひっそりとした店構えで建っています。暖簾をくぐると、畳の上の漆箱に整然と並べられた色とりどりの帯締め。「浅蘇芳《あさすおう》」「桜鼠《さくらねず》」「水浅葱《みずあさぎ》」「鶸《ひわ》」など、日本古来の名前がつけられた深みのある美しさに、しばし息をのみます。

「帯締めは道明」といわれますが、その所以は、色柄の美しさとともに締めやすさにあるのだとか。江戸時代、武具紐であった組紐の技術を生かし、絹糸の産地である群馬・桐生で、現在もすべて手組みで作られています。

着物の装いを決める重要な一本である帯締め。選び方をおたずねすると「まずはあまり難しく考えず、自分のお好きな色を選ばれたらいかがでしょう」と、企画課の徳澤さん。「帯締め一つで、着物の表情を変えることができますから、季節や年齢によって変化を楽しんでほしいですね」と話してくれました。

左から地内肥組「西海波」34,000円、唐組「遠山」21,000円、笹浪組「旭光」20,000円

帯締めに使われる糸見本が壁に飾られています

- 03-3831-3773
- 台東区上野2-11-1
- 10：30～18：30（日祝は17：00まで）
- 無休

MAP P60 ❼

足袋のことなら何でもおまかせ

足袋の店《たびのみせ》 むさしや《むさしや》

夏に涼しい半足袋は2400円～。コハゼがないため脱ぎ履きがラクチン

紐足袋は、白足袋に350円プラスで注文可。白足袋3,400円～

大正11年（1922）創業。足袋のことなら何でもご存知の足袋博士、大橋さん。足にあう足袋を求めて、全国からお客さんがやってきます

坂町という名の通り、四ツ谷駅から路地を下った所にある「むさしや」は、足袋の百貨店ともいえるお店。探求熱心なご主人、大橋信彦さんは、足袋一筋に四十六年。用途はもちろん、外反母趾など足の悩みにじっくりと耳をかたむけ、足にぴったりの足袋を作ります。既製の白足袋だけでも七種類の型があり、色柄足袋や半足袋、紐付き足袋も作れます。素材も麻、別珍、羽二重のほか、好みの生地を持ち込むことも。また、片方だけの足袋を作ることもできるうえ、誂え足袋は一足から追加オーダー可能です。

- 03-3351-7359
- 新宿区坂町7
- 10：00～19：30
- 日曜お休み
- http://www.kodasho.co.jp/fashon/musasiya/musasiya.htm

MAP P60 ⑪

国産桐にこだわった桐箪笥の老舗

箪笥の松本《たんすのまつもと》

金具や、生地は好みのものを選べます

丈夫で強い桐箪笥は、防火性、防虫性に優れ、湿度を一定に保つことから着物の収納に使われてきました。「箪笥の松本」は、大正元年（一九一二）創業。美智子皇后ご成婚の調度品をはじめ、多くの桐製品を皇室に納めています。店内では、国産桐のみにこだわって、自社工場製品や新潟の加茂桐箪笥を中心に販売。鉄釘をいっさい使わず、熟練の職人さんによって、寸分の狂いもなく仕上げられています。古い箪笥を新品同様によみがえらせる削り直しの相談や、業界初の購入後十年間の無償修理も行っています。

無垢の一枚板を柾目（まさめ）に使用した総桐箪笥1,890,000円と、江戸小紋を引き戸に使用した箪笥1,606,500円。表面や金具の装飾にこらない江戸好みのさっぱりとした仕上がりです

- 03-3355-1151
- 新宿区四谷2-10-6
- 9：00～18：00
- 無休
- http://www.kiritansu.co.jp/

MAP P60 ⑪

着心地にこだわった仕立て処

一衣舎《いちえや》

経糸に木綿、緯糸に絹を使って織り上げた肌ざわり抜群の肌襦袢12,600円と、絹100％の洗える裾除け21,000円

次々と新しい商品や仕立て方を開発する木村さん。全国各地で企画展の開催も行っています

着心地の良さにこだわった仕立て処。代表の木村さんは、「着る人の立場にたった仕立てを」と、本人に直接会って首の太さや腰まわりなど細かな部分を採寸。腰紐の位置や衣紋の抜き方を聞きながら寸法を割り出します。また、仕立て屋の枠を越え、水洗いできる絹と仕立て方を開発。洗える絹で作った肌着や襦袢、木綿や紬に絹の総衣敷きあてをつけた裾さばきの良い着物など、着やすく手入れのしやすい商品の開発を精力的に行っています。

- 03-3557-4553
  個人宅のため事前に連絡にて訪問を
- 練馬区豊玉北1-12-1
- http://www.kt.rim.or.jp/~ichieya/ MAP P61⑫

老舗染め工房で染め替えを

富田染工芸《とみたせんこうげい》

明治初期創業の東京染小紋と江戸更紗の工房が手がける悉皆屋さん。着物のお手入れ全般を相談できますが、得意とするのは、染めの加工。元の色を抜いて新たな色に染める「染め替え」や、上から色をかける「色かけ」、「柄足し」など、工房の伝統工芸士が新しく着物をよみがえらせます。また、創業当時から受け継がれた十二万もの豊富な型紙から染め替えの色柄が選べるのも老舗染め工房だからこそ。工房見学ができる東京染ものがたり博物館を併設しています(P.89)。

豊富な見本布の中から、好みの柄を選ぶことができます

工房に入って３年目の坂本さん。何度も染料や糊を調合しながら、希望の色を作っていきます

- 03-3987-0701
- 新宿区西早稲田3-6-14
- 10：00～12：00、13：00～16：00
- 土日祝お休み

MAP P60⑤

紋のことならおまかせ

福田紋章《ふくだもんしょう》

呉服の街、日本橋にある福田紋章は、上絵と刺繍の両方を営む数少ない紋屋さんです。店舗兼自宅では、家族全員が職人さん。紋章上絵師のご主人、福田昭三さんと息子さんが、正装用の染め抜き紋やしゃれ紋を、娘さんが刺繍で紋をあらわす縫い紋を担当。紋入れをした着物を奥さんが仕立て上げます。自分でデザインした紋を持ち込むことも可能。染め紋一つ紋・三千円～、縫い紋・けし縫い三千円～。

「創作加賀紋」は、加賀友禅と家紋を組み入れた福田さんのオリジナル。一つ紋9000円～

一級染色補整技能士でもある福田さんは、染み抜き、染め替えなどの相談にも応じてくれます

ネズミの毛を使った彩色筆を使いフリーハンドで描きます

- 03-3669-0368
- 中央区日本橋浜町2-49-7
- 9：00～19：00
- 日祝お休み

MAP P20

安心の着物のトータルクリニック

吉本《よしもと》 東京日本橋店

京都に本社をおく、大手メーカーや百貨店御用達の悉皆店です。汚れ落し、染め替え、仕立てなど、すべての作業を社内で対応。「当店で直らなかった場合はあきらめてください」と、技術力の高さには絶対の自信を持っています。見積もりは染色補正技能士の職人さん自らが窓口で応対。「やってみないとわからない」ではなく、その場で汚れやシミの状態を判断し、料金を提示。追加料金の発生もないので、安心して依頼できます。

身巾を出して柄が合わなくなった着物に柄を足し、自然な仕上がりに

↓

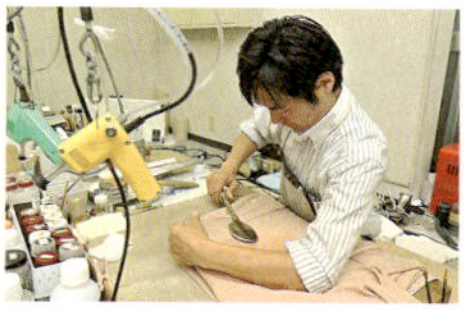

「染み抜きは生地の状態をみながら、少しずつ、丁寧に。根気のいる仕事です」と店長の庭野秀義さん

- 03-3666-0212
- 中央区日本橋浜町2-60-3
  グローリー日本橋102
- 9：00～18：00
- 日祝お休み
- http：//www.kimono-yoshimoto.co.jp/

MAP P20

染み抜きのスペシャリスト

きもの工房 扇屋《おうぎや》

下町情緒あふれる佃島で、百余年の歴史をもつ悉皆店。四代目・家田貴之さんは、国家資格である一級染色補正技能士の資格を取得。技能グランプリ「染み抜き部門」では、全国一位を二回受賞したほどのすご腕です。染色補正とは、着物を製作する過程で生じた不具合を元通りにする仕事。家田さんは「修復には、着物の製作過程を知ること」と、暇をみつけては全国各地の産地を訪れ、染めや織りの工程を学んでいます。主催する染み抜き講座も人気。

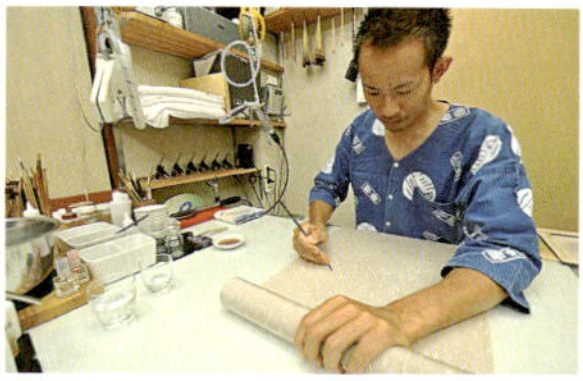

染みと一緒に落ちた柄を上から染料で補正する家田さん。染み抜き1,050円～。洗い張り7,325円～。仕立て27,000円～

- 03-3531-6892
- 中央区佃2-13-8
- 10：00～19：00
- 第2・3土曜、日祝お休み
- http：//www.ougiya.tv/

MAP P61 ⑬

芸者さん御用達の悉皆店

田中染色店《たなかせんしょくてん》

浅草観音裏にある街の悉皆屋さん。場所柄、芸者さんや落語家さんをはじめ、全国各地から着物や反物が持ち込まれます。浅草っ子のご主人、田中政和さんは、この道五十年の熟練職人。長年の経験と勘を生かし、染み抜きのほか、洗い張り、染め替えや柄足しなど、着物にもっとも適切な処置を予算に応じて相談にのってくれます。洗いの作業は、店舗二階で、職人が一点一点汚れを見ながら手作業で。丁寧な仕事が信条です。

「絹は、デリケートだから生地目を殺さないように。この仕事は、手の感性が必要だね」と田中さん

- 03-3872-0198
- 台東区浅草4-33-4
- 9：00～18：00
  (祝日は17：00まで)
- 日曜お休み

MAP P31

新感覚の着物スタイルを提案

伊勢丹《いせたん》 新宿店

東京の百貨店の中でも、伝統的な呉服という枠にとらわれない新感覚の着物スタイルを積極的に提案しています。三十～四十代向けの洋服感覚の着物に力を入れており、なかでも、ほぼ週替わりで開催している催事には、WEBショップや京都・大阪など全国の人気店、和装小物、履物店が出店。二部式やデニム素材など、これからの新しい着物の世界にであえるスペースになっています。

「履きやすく痛くない草履を」というユーザーの声を生かし、台に低反発素材を使用した伊勢丹オンリー・アイ商品「グットフィット草履」29,400円

呉服売り場入口には、手ぬぐいや風呂敷、お香など和小物スペースも。プレタ着物、特選着物、男の着物売り場のほか、「リサイクルきもの 古衣傳」が出店

- 03-3352-1111(大代表)
- 新宿区新宿3-14-1 本館7F
- 10：00～20：00
- http://www.isetan.co.jp/

MAP P60④

十二年ぶりに着物フロアが復活

三越《みつこし》 銀座店

二〇一〇年秋の増床オープンにともない、呉服売り場が「サロン ド きもの」として十二年ぶりに復活しました。ギャラリースタイルのフロアには、おしゃれ着、街着として楽しめるモダンな着物や名古屋帯、和装小物を中心にセレクト。大人の街、銀座にふさわしい都会的センスをただよわせる着物がそろいます。また、着崩れてしまった際には、フロア奥の畳の間で直すこともできます。

京友禅の老舗「千總」プロデュース「總屋」の色無地。70種類の色と15種類ほどある地模様を組み合わせできます

オープンスタイルの着物フロア

- 03-3562-1111
- 中央区銀座4-6-16 M2F
- 10：00～20：00
- http://www.mitsukoshi.co.jp/

MAP P6

年二回開催の「きもの市」が人気

松屋《まつや》 銀座本店

フォーマルよりもおしゃれ着を中心とした品ぞろえです。特に、結城紬や黄八丈など、着物好きならば一度は着てみたい産地物の着物を良心的な値段で販売しています。春と秋に開催の「きもの市」は、着物や帯が特別価格で販売される上、和装小物店やリサイクル、プレタ、ネットショップが一堂に集まるとあって、一週間で一万人もの入場者をよぶほど人気のイベントとなっています。

履物の老舗・四谷三栄が出店。他店のものでも、常時、鼻緒の挿げの調整やかかとの修理などに応じてもらえます

アンティーク着物ショップ「壱の蔵」、プレタ着物「撫松庵」、リサイクル着物「ながもち屋」が出店しています

- 03-3567-1211
- 中央区銀座3-6-1 7F
- 10：00～20：00
- http://www.matsuya.com/ginza/

MAP P6

東京から足をのばして着物散策

東京でお店めぐりも楽しいけれど、
ちょっと近郊に足をのばして、お出かけしてみませんか？
歴史ある街で、その土地ならではの着物や小物にふれながら、
のんびりお散歩。
新しい着物の魅力を発見しそうです。

川越

川越唐桟が生まれた蔵の街

重厚な蔵造りの街並みが残る小江戸川越。江戸時代、織物の集散地としてにぎわい、「川越唐桟《かわこえとうざん》」の生まれた街として知られています。川越唐桟は、木綿でありながらやわらかく絹のような光沢が江戸っ子に好まれ、幕末から明治にかけて人気を博しました。時代の流れとともに、一時はすたれていましたが、西村織物により復活。現在は、普段着物として人気を呼び、「かんだ」「笠間」の二軒の呉服屋さんで取り扱っています。

川越を訪れるなら、毎月二十八日に開催されている成田山川越別院の蚤の市に、足を運んでみてはいかが？　境内にずらりと並んだ露店の中から、お気に入りの昔着物や古裂を見つけるのもお楽しみのひとつ。着物で蔵造りの街を散策する「川越きもの散歩」もあわせて開催しています。近くには、明治から大正にかけて織物の街として栄えた面影を残す旧川越織物市場の建物も。江戸情緒薫る川越は、着物姿も自然と街にとけこみます。普段着物に半幅帯をキュッとしめて、気軽にお出かけしてみませんか。

川越へは、東武東上線、JR埼京線、西武新宿線の利用が便利。駅から蔵造りの街並みまでは、徒歩10分以上かかるため、主な観光名所を走る巡回バスの利用がおすすめ。川越駅と本川越駅には、観光案内所があります。

ひと休みスポット

大正ロマンの香り漂うハイカラな洋風建築も川越の魅力。クラシカルな洋館建ての「カフェ エレバート」でゆるやかな時を。お土産には、川越名物のサツマイモ菓子がおすすめです。

川越唐桟をはじめ、普段着物が充実

呉服笠間《ごふくかさま》

創業百年をこえる老舗。生まれも育ちも川越の若旦那、笠間美寛《よしひろ》さんとご両親で切り盛りするアットホームな呉服店です。川越唐桟を中心に、片貝木綿や久留米絣といった木綿やウールなど、普段着感覚で着られる着物が充実。木綿やウールというと、紺や茶など濃い色目が多いなか、パステル系のピンクやブルーなど、明るい色合いを多くそろえているのも魅力です。街着感覚で合わせたい気軽な半幅帯は、三千円からと、値段もお手頃。

「10月の川越まつりの頃が、一番街が熱くなります！」と、４代目の笠間美寛さん。街の歴史を聞きながら、着物を選ぶのも楽しい

川越唐桟11,000〜25,000円

- 049-222-1518
- 川越市仲町5-10
- 9：00〜19：00
- 水曜お休み
- http://park10.wakwak.com/~kasama/

幅広い品ぞろえが自慢

呉服かんだ《ごふくかんだ》

蔵造りの街・川越のシンボル、時の鐘の近くにあります。川越唐桟をはじめとした普段着物から、小紋や紬といったおしゃれ着、訪問着や留袖などの礼装まで幅広く扱っています。全国各地から、川越唐桟を買いに訪れる人も多く、そのまま店のお馴染みさんとなることも多いそう。入社三年目の中村悟史さんは、「着物は日本の気候風土にあった衣服。その良さを伝えるとともに、一人ひとりにあった着物を提案したい」と話します。若手スタッフからこの道六十年以上のベテランの番頭さんまでそろったお店。呉服のことなら何でも相談できる安心感が魅力です。

大島や結城をはじめとした全国各産地の織物が充実。左から古代伊勢型江戸小紋と織楽浅野洒落袋帯、貴久樹タッサーシルクと藤山千春作吉野間道帯

川越唐桟の反物も充実。ポーチやお財布もそろいます

- 049-222-1235
- 川越市幸町3-1
- 10：00〜19：00
- 水曜お休み
- http://www.gofuku-kanda.com/

新古品の着物が格安でそろう

きものリサイクル《きものりさいくる》 右左《うざ》

白を基調としたモダンな店内には、状態が良くすぐに着られるリサイクル着物や、しつけ糸をとっていない新古品が並びます。もともと骨董店を営んでいたご主人が、全国各地をまわり仕入れているだけに、ベーシックで合わせやすい紬、小紋、訪問着が、都心よりも格安な値段でそろっています。なかでも、お茶席用の色無地には力を入れているそう。新品の帯締めや帯揚げといった和装小物や履物もお手頃です。

ブティックのようなすっきりとした見やすい陳列

お召小紋13,000円、紬茶刺繍苺柄帯8,500円。着物は10,000～30,000円が中心

- 049-223-5144
- 川越市幸町3-14
- 11：00～18：30
- 不定休
- http://www.kimonouza.com/

町家でのんびり着物選び

きもの処《きものどころ》 はいからや《はいからや》

江戸時代の町家をそのままいかした、アンティークとリサイクル着物のお店です。温かく懐かしい雰囲気あふれる店内は、時間もゆるやかに流れていく感じ。お客さんも、のんびりとおもいおもいの着物を選んでいます。温和な人柄のオーナー・飯村さんが「皆さん、ここで自然と仲良くなり、お友達になるんですよ」とおっしゃるように、着物の情報交換の場にもなっているよう。着物のレンタルも、着付け込みで一日三千円と良心的です。

築150年の古民家の建物に、かわいい銘仙や羽織、帯締めや小物などが所せましと並びます

全国でも取り扱いの少ない山岸織物製の館林木綿。しなやかな風合いで、シワになりにくいのが特徴。5,000円～

- 049-226-3799
- 川越市喜多町1-3
- 11：00～18：00
- 月～木曜お休み
- http://www.koedomonogatari.com/haikaraya/

関東一古い骨董市

成田不動尊蚤の市《なりたふどうそんのみのいち》

関東圏では最も古く、昭和五十三年（一九七八）からはじまった歴史ある骨董市。川越の名勝、喜多院の近くの成田山川越別院で毎月二十八日に開かれ、骨董、着物、小道具など東京、北関東を中心に九十店ほどのお店が集まります。同日には、着物で気軽に川越散策を楽しむ「川越きもの散歩」を開催。着物デビューや、着物友達を作りたい人などの参加も歓迎しています。

境内の入口から、ずらりと露店が並びます

- 090-3213-0143
- 川越市久保町9-2 成田山川越別院境内にて
- 5：00～16：00
- 毎月28日開催（雨天開催）
- 川越きもの散歩は、境内の階段前に11：00に集合、参加費500円（要予約）。詳細は、「NPO川越きもの散歩」http://kawagoe-kimono.jimdo.com/

着物のお店もいろいろ

街歩き

鎌倉

古都ならではの趣ある店が点在

古都の風情を残す鎌倉は、「着物でちょっとお出かけ」するのにぴったりな街。由緒ある名刹を訪れたり、四季折々の花を楽しんだり。しっとりと落ち着いた街並みを着物で歩けば、普段とはちょっと違った景色が見えてきそうです。

旅のはじまりは、鎌倉のシンボル鶴岡八幡宮にご挨拶。境内では、毎年七、八月に着物や古道具、西洋骨董などの露店が並ぶ「鎌倉骨董祭」が催され、古都ならではの掘り出し物にであえます。八幡宮からのびる若宮大路や小町通りには、格式ある老舗呉服店をはじめ、鎌倉通のオーナーが営む着物ショップ、和雑貨店など、着物好きなら立ち寄らずにはいられないお店が点在。美人画で知られる「鏑木清方記念美術館」もぜひ訪れてみたいスポットです。にぎやかな駅周辺だけでなく、北鎌倉や長谷など着物や和雑貨を扱う個性派ショップが多いのも鎌倉の魅力のひとつ。表通りから一歩入った小路を歩いているうちに、偶然素敵なお店を発見することも。自分だけのお気に入りの店をぜひ、探してみてください。

ひと休みスポット

散策に疲れたら小町通りの「イワタコーヒー店」や「門」など昔懐かしい雰囲気の喫茶店で、ほっと一息。鎌倉彫の帯留や小鏡は、旅の思い出にぴったりです。

博古堂の帯留

|鎌倉骨董祭|毎年7・8月に開催。【問い合わせ】紅家美術店 0467-22-0644

古典柄の美しさにふれる

なた屋《なたや》

モダンな建物のショーウィンドウに飾られた色鮮やかな着物が目をひきます。「なた屋」は、最高級の鬼絞《おにしぼ》縮緬を使い、能装束の文様を取り入れた小紋と古典柄の型染め一筋にこだわった呉服店。独特の華やかさとともに深みのある色合いは、「しぼ」といわれる生地の凹凸とともに、一旦下染めした後に色を染めることから生み出されます。伝統的な文様をアレンジしたオリジナルの五十種類の型紙から、好きな色合わせで着物や帯をオーダーすることも可能。手頃な小紋や紬などの着物や帯もそろいます。

唐織の本袋帯（写真）と型染めの全通柄をそろえます

若宮大路に面した店舗

豪華さの中に気品がただよう振袖。染めは、すべて京都でおこなっています。価格の目安は、小紋250,000円、振袖450,000円前後（仕立て込み）

- 0467-22-6729
- 鎌倉市雪ノ下1-10-5
- 11：00～18：00
- 水曜お休み
- http://www.nataya.co.jp/

趣ある空間に上質な着物がそろう

きもの一文字《きものいちもんじ》

北鎌倉駅の交番を右手に入ると、深い緑と趣ある生垣の小路が続き、苔むした石段と古びた門が見えてきます。「きもの一文字」は、上質でセンスの良い新古品の着物を扱うお店。縁側をあがって畳の間に入ると、結城、大島をはじめとした紬や訪問着、小紋のほか、志村ふくみさんや浦野理一さんなどの作家ものが棚に整然と並んでいます。お茶室として使われていたという築百年を越える建物の中で、着物と向き合っているとまるで別世界に入り込んだよう。着物の魅力にぐっと引き込まれる空間です。

縮緬小紋桜に蝶27,300円、名古屋帯モザイク柄12,600円。着物20,000円～、帯10,000円～と手頃なものもそろいます

交番からゆるやかなカーブの小道を歩いて1分の所にあります

有島武郎や川端康成など、鎌倉在住の文豪たちが茶室として使っていたそう

- 0467-23-6011
- 鎌倉市山ノ内1320
- 11：00～15：00
- 毎月1、8、9、19日お休み
- http://www.ichimonzi.com/

鎌倉の着物好きが集う社交場

きものサロン花咲《きものさろんはなさき》

「若い方に気軽に着物を着てほしくてお店をはじめました」と話すのは、着物歴四十年、着物が大好きというオーナーの中村美智子さん。中村さんの楽しいおしゃべりに迎えられ、店内はまさにサロンといった和やかな雰囲気です。リサイクルの着物や帯を扱っていますが、ほとんどが知り合いの方からの委託販売とあって、お値段は格安。着物選びや着付けはもちろん、鎌倉の街歩きについても親切に相談にのってもらえます。

「こんな風に年を重ねていけたら」と目標にしたくなるほど魅力的なおばあちゃま。自然な着こなしもお手本にしたい

- 0467-23-5870
- 鎌倉市小町2-10-7 ストロービル2F
- 10：00～18：00
  事前に連絡にて訪問を
- 不定休

ラオスの手紡ぎ布のぬくもり

ロータスポンド

ラオスの手織り生地を使った着尺や帯、ショールやストールを扱っています。オーナーの鈴木茂さんは、直接現地の工房に何度も足を運び、手紡ぎ、手織り、草木染にこだわった生地をオーダーしています。在来種の黄繭を使った生地は、ふんわりとやわらかな風合いで、ラオスの人々のぬくもりが伝わってくるよう。伝統的な文様を織り込んだ半幅帯や名古屋帯も扱っています。

座繰りで糸を紡ぎ高機で織りあげた着尺（手前）は130,000円（仕立て込み）。帯は40,000円～。めずらしい蓮布帯も

- 0467-22-8214
- 鎌倉市御成町12-8 ノア鎌倉1F
- 10：30～18：00
- 木曜お休み（臨時のお休みあり）

コーディネートの相談に応じてもらえる

ぎゃらりー伊砂《ぎゃらりー いさ》

着物スタイリストの伊砂由美子さんが自宅に開いた、器と和小物のお店です。なかでも、着物好きの目にとまるのは、色とりどりの帯締めや帯揚げ。「着物は、小物を替えるだけでコーディネートの幅が広がります。その方の着物や年代にあったアドバイスができたら」と、スタイリスト経験を生かしたコーディネートの相談にも応じてもらえます。伊砂さん手作りのバッグも素敵。

伊砂さんお手製の着物地を使ったバッグ3,000円～。和服にも洋服にもあいそう

色鮮やかな帯締め3,000円～

- 0467-22-1320
- 鎌倉市小町1-14-23
- 10：00～17：30
- 火曜・第５月曜お休み
  （臨時のお休みあり）
- http://www1.kamakuranet.ne.jp/isa/

秩父

絹の街の歴史を訪ねて

秩父は、江戸時代から続く生糸の産地。秩父地方の総鎮守である秩父神社は、養蚕の守り神として崇拝されてきました。毎年十二月に行われる「秩父夜祭」は、別名「お蚕祭り」と言われ、養蚕の作柄安定を祈願する「蚕糸祭」が行われています。大正から昭和にかけては、女性のおしゃれ着として流行した「秩父銘仙」で栄え、街のあちこちから機織りの音が聞こえてきたといいます。現在は銘仙の機屋も数軒となりましたが、ノコギリ屋根の織物工場や重厚な蔵造りの建物、ハイカラな和洋折衷建築など、往時の面影をしのばせるたたずまいを街のそこかしこに見つけることができます。

東京からでも一時間半程度で訪れることができる秩父の街は、ちょっとした小旅行にぴったり。駅から徒歩十五分圏内には「ちちぶ銘仙館」や、毎月最終日曜日に着物パスポートを発行している「ちちぶまちづくり工房」などのおすすめスポットも。清々しい秩父の空気を感じながら、のんびりとした一日を過ごしてみてはいかがですか。

ひと休みスポット

古い蔵を改装した「月のうさぎ」は、有機野菜を使ったランチが美味。ステンドグラスが美しいレトロな喫茶店「泰山堂café」は、おだやかでゆるりとした時間が流れます。

秩父銘仙の歴史を知る

ちちぶ銘仙館

ちちぶめいせんかん

大正から昭和にかけて、モダンな女性たちの間で人気を博した秩父銘仙に関する資料や製造工程、繭の歴史などをわかりやすく展示。毎月第二土曜日には、館内にある撚糸機や整経機などの織機を稼動し、繭から秩父銘仙ができあがるまでのすべての工程を見学することができます。体験コーナー（要予約）では、銘仙の工程の一つである経糸に型紙を使って模様をつけるほぐし捺染《なっせん》や藍染め、手織りなど、染織体験も。直売室では反物のほか、バッグやポーチ、財布などを販売しています。

館内では秩父で現在も織られている銘仙や織物を販売

昭和５年に建てられた、ハイカラな洋風建築

以前は織物工場として使っていた三角屋根の建物

- 0494-21-2112
- 秩父市熊木町28-1
- 9：00～16：00
- 入館料　大人200円
- 年末年始お休み
- http://www.meisenkan.com/

新感覚の銘仙を提案

新啓織物

あらけいおりもの

数少ない銘仙工房の中で、積極的に新しい感覚の着物や帯を生み出している機屋さんです。「銘仙というと、大正・昭和のアンティークのイメージが強いですが、今の時代にあったデザインや色を提案したい」と語るのは、大手織物メーカーを退職し、六年前から跡を継いだ二代目の新井教央《のりお》さん。自宅横の工房では、新井さんご夫婦とご両親が半木製の織機を使い、ひとつひとつ丁寧に織り上げています。平織りで表裏がなくツヤとシャリ感のある生地は驚くほど軽く、おしゃれ着としてもぴったり。定期的に催事を行っていますが、工房で購入、見学することもできます。

ほぐし捺染の行程の一つである型染めをする前に、経糸がずれないよう仮織りをしています

仮織りして経糸に型染めした生地をほぐしながら本織りしています

手前は先染めの無地の真綿紬。奥２点は、昔の銘仙の図案をアレンジした「ほぐし捺染」の着尺

- 0494-22-3140
- 秩父市中宮地町37-9
- 事前に予約にて訪問を
- http://www.arakei.com/

着物パスポートで街めぐり

NPO法人 ちちぶまちづくり工房《ちちぶまちづくりこうぼう》

秩父神社の近くにある買継商通りは、かつて秩父各地の織物工場から反物が集まり、買継商人たちでにぎわった場所でした。その通りの一角にある「ちちぶまちづくり工房」は、木造家屋にちゃぶ台が置かれ、まるでおばあちゃんの家を訪れたような雰囲気。「秩父の街を着物で楽しんでもらおう」と、毎月、最終日曜日に着物で訪れた人に「着物パスポート」を発行しています。協賛しているお店では、それぞれお得なサービスが受けられます。

出迎えてくれるのは、秩父銘仙の収集家であり華道家の木村和恵さん。気さくな木村さんのお話は、秩父をぐっと身近に感じさせてくれます

着物パスポートに協賛しているお店は、手まりが店先にかけられています

- 0494-24-7775
- 秩父市番場町11-14

秩父の歴史をしのばせる機屋さん

寺内織物《てらうちおりもの》

大正三年（一九一四）創業の「寺内織物」は、織物の街として栄えた秩父の街の面影を今に残す機屋さん。明治初期建築の工場には、昭和十一年（一九三六）製造の黒光りした織機が整然と並び、今も手直しされながら現役で稼動しています。最盛期には、銘仙の他に服地や座布団地を織っていたそうですが、現在はマフラーやストールを製造し、向かいの店舗にて販売しています。また、木製織機を使った手織り教室も開講。都内からも生徒さんが通っています。

大正中頃建築の店舗。秩父特産の「いろどり」繭を使ったストールなども販売

「機織りの音を子守唄がわりに育ちました」と語る、ご主人の寺内秀夫さん

- 0494-22-0605
- 秩父市道生町7-1
- 予約をすれば、工場内を見学することができます

手織り銘仙ならではのやわらかな風合い

ギャラリーAOYAMA《ぎゃらりーあおやま》

秩父銘仙の織物作家・青山与祢子さんのミニギャラリー＆カフェ。アケビの蔦のからまる店内に一歩入ると、木製の織機と着尺や帯、バッグ、ポーチ、着物をリメイクした洋服などが並んでいます。糸繰りから、染め、整経、織りまですべての工程を一人で行う青山さんの作品は、手織りならではのやわらかで自然な風合いが魅力。織物づくりの話を聞きながら、ゆったりとコーヒーを楽しむことができます。

ガッチャン、トントンと、やさしい手織りの機の音が響きます

店内奥のカフェスペース

- 0494-22-5021
- 秩父市番場町4-5
- 12:00～18:00
  カフェのメニューはコーヒーのみ
- 不定休
- http://www.chichibu.co.jp/~aoyama/

着物好きやコレクターも集まる

新井薬師骨董市《あらいやくしこっとういち》

毎月第一日曜日、新井薬師境内で開かれています。リサイクル品は扱わず、昭和初期までのアンティークに限って販売。門前から境内にかけて、陶磁器、ガラス、骨董、着物や古布を扱う露店、六十～七十店が並びます。

着物好きやコレクターが集まることで知られ、掘り出しものを目当てに早朝から多くの人々がやってきます。大島紬、結城紬、上布など織りの着物が多いのも特徴。常連も多く、お客さん同士の情報交換の場にもなっています。

どこか懐かしい雰囲気がただよう境内

和更紗や藍染の古裂なども出ています

帯締めや羽織紐など、小物も数百円から販売

- 03-3319-6033　河野さん
- 中野区新井5-3-5
- 5：00～15：30（小雨決行）
- 毎月第１日曜開催（１月は第２日曜）
- http：//www.kottouichi.jp/araiyakusi

MAP P61⑭

日本最大の露店骨董市

大江戸骨董市《おおえどこっとういち》

有楽町駅から徒歩一分。毎月第一・第三日曜日、東京国際フォーラムの一階地上広場で開催しています。日本最大の露天骨董市とあって、着物はもちろん、和骨董、西洋骨董店が全国から約二百五十店集結。ディスプレイもきれいに整理されており、見ごたえ充分です。アンティーク着物は、広場中央付近と東京駅側に多く出店。疲れたら、ケータリングカーのカフェや国際フォーラム内の喫茶店でひと休みを。

麦わら帽子に着物がお似合い「古美術まるかつ」の店主、先崎さん

けやき並木の木陰に心地よい風が吹き抜けます

- 03-6407-6011 ㈱クレド
- 千代田区丸の内3-5-1 東京国際フォーラム　1F地上広場
- 9：00～16：00（雨天中止）
- 毎月第１・３日曜開催
- http：//antique-market.jp/

MAP P6

アットホームな雰囲気が人気

品川てづくり市《しながわてづくりいち》

京浜急行新馬場駅からほど近い品川神社境内で、毎月第二日曜日に開催。作り手自身がアクセサリーや小物、陶器やガラス器などを販売しています。都内の手作り市のなかでも、こちらは和雑貨の出店が多く、とんぼ玉のかんざしや陶器の帯留、縮緬を使ったつまみ細工などが手頃な値段で並びます。こぢんまりした緑あふれる境内は、のんびりアットホームな雰囲気。ゆったりと買い物を楽しめます。

作家さんに作品の話を聞きながら買い物できるのも手作り市の魅力

銘仙など和布を使ったがま口やハンコ入れ

- 品川区北品川3-7-15
- 9：00～16：00
- 毎月第２日曜開催（雨天中止、11月は不開催）
- http：//shinagawa-tezukuriichi.com/

MAP P61⑮

伝統の技にふれて見て作ってみよう

着物を知れば知るほど、その手仕事の奥深さに気づきます。
日本に受け継がれてきた作り手の技にふれて見て、
体験することで、着物への興味もぐっと深まります。

日本の伝統的工芸品を一堂に

全国伝統的工芸品センター《ぜんこくでんとうてきこうげいひんせんたー》

全国各地の織や染めの着物をじかに見ることができます

施設内には伝統的工芸品に関する図書、資料、映像を集めたライブラリーも併設

- 03-5954-6066
- 豊島区西池袋1-11-1 メトロポリタンプラザビル1～2F
- 10：00～19：00
- 12月31日～1月4日休館、年間2日程度不定休あり
- http://www.kougei.or.jp/

MAP P61⑯

経済産業大臣の指定を受けた全国の織物、染色品、陶磁器、漆器、金工品、和紙などの伝統的工芸品を一堂に展示、販売しています。常設展示のほか、二週間交代で開催される特別展では、職人さんの製作実演や体験講座も。仕立て、染み抜き、染め直しなどの相談にプロの相談員がのってくれる「きものクリニック」や、専門家が一から着付けを教えてくれる「着物教室」を月一回開催しています（どちらも要予約・有料　※相談は無料）。

衣を通して日本と世界の文化を知る

文化学園服飾博物館《ぶんかがくえんふくしょくはくぶつかん》

日本の服飾界に多くの人材を送り出している文化学園を母体とする博物館。昭和五十四年（一九七九）に開館し、世界各地の服飾品の収集が積極的に進められています。日本では、小袖、能装束、近代の宮廷衣装のほか、正倉院裂・名物裂などを所蔵。なかでも、三井家伝来の小袖類と、彦根藩主・井伊家旧蔵の能装束は、優れたコレクションとして知られています。年四回行われる企画展では、日本の服飾をテーマとした展示も行っています。

日本でも数少ない服飾専門の博物館

- 03-3299-2387
- 渋谷区代々木3-22-7 新宿文化クイントビル
- 10：00～16：00
- 日祝、振替休日、年末年始、夏季休暇、展示替え期間休館
- 入館料　大人500円
- http://www.bunka.ac.jp/

MAP P61⑰

日本の用の美を再発見

日本民藝館《にほんみんげいかん》

柳宗悦が自ら設計。外壁に大谷石を使用した本館

- 03-3467-4527
- 目黒区駒場4-3-33
- 10：00～17：00
- 月曜（月曜祝日の場合翌日）、年末年始、展示替え期間休館
- 入館料　大人1,000円
- http://www.mingeikan.or.jp/

MAP P61⑱

思想家であり、民藝運動の主唱者であった柳宗悦が、庶民が日常的に用いていた工芸品の美しさを示すため、昭和十一年（一九三六）に設立。古今東西の工芸品約一万七千点を所蔵し、年に四～五回の展示替えを行っています。染織では、東北地方の刺子やアイヌ衣裳、沖縄の紅型衣裳や芭蕉布、夜具、被衣《かつぎ》、絣などを所蔵。日々の暮らしの中から生み出された工芸品の美しさ、名もなき職人の技にふれることができます。

日本唯一の伊勢型紙美術館

紀尾井アートギャラリー

江戸伊勢型紙美術館《えどいせかたがみびじゅつかん》

江戸から昭和にかけて作られた五千枚の伊勢型紙を収集保存、常時二百点を公開展示しています。伊勢型紙とは、紀州藩の庇護のもと、現在の三重県鈴鹿市で、着物の文様を染めるため和紙を柿渋で加工、彫刻をほどこしたもの。館内では、江戸小紋や裃《かみしも》、友禅などに使われた型紙を手にとってみることができます。ギャラリーでは、所蔵する型紙の文様を復刻しデザインした浴衣や傘、バッグ、風呂敷等和装グッズを販売しています。

孔雀柄やふくら雀、タンポポなど、オリジナルの浴衣地を毎年夏に販売

紀州藩邸の跡地、紀尾井町にあるギャラリー

- 03-3265-4001
- 千代田区紀尾井町3-32
- 11：00～18：00
- 月・水曜休館
- 入館料　1,000円
- http://www.kioi.jp/newpage4.htm

MAP P61⑲

江戸から昭和までの庶民の布文化を体感

アミューズミュージアム

「もったいない」をコンセプトとした、日本の布文化と浮世絵を紹介する複合アートビル。なかでも民俗学者・田中忠三郎氏が収集した「BORO」のコレクションでは、江戸時代から青森の庶民の間で何代にもわたり使われた、〝ぼろ〟と呼ばれる衣服や布類を直接触ってみることができます。幾重にも継ぎ当て縫い合わせられたぼろの美しさとともに、人々の暮らしや生活の中で、布を慈しみ大切に再生させてきた日本人の自然観を肌で感じることができます。

2階のBORO展示室。北国の寒さから身を守るため、ドンジャ（写真）という一つの寝具に家族がくるまり温めあいました

館内には、津軽・南部の刺子や古民具を展示。ボストン美術館所蔵の浮世絵シアターも

- 03-5806-1181
- 台東区浅草2-34-3
- 10：00～18：00
- 月曜（月曜祝日の場合翌日）休館
- 入館料　大人1,000円
- http://www.amusemuseum.com/

MAP P31

神田川に息づく染めの歴史

東京染ものがたり博物館《とうきょうそめものがたりはくぶつかん》

明治以降、神田川の清流を求めて、多くの染色業者が集った早稲田界隈。この地で、大正三年（一九一四）から東京染小紋の工房を営む富田染工芸（P.70）では、東京の染め物を広く知ってもらいたいと、普段はなかなか見ることができない染めの現場を公開しています。展示室でもある「板場」と呼ばれる染色作業場では、染色の過程や道具を展示。熟練の職人さんが十四メートルの樅《もみ》の一枚板で型染めを行う手わざを間近に見学することができます。

「昔は、目の前の神田川で反物を洗っていたよ」と、この道45年の型染め職人、浅野進さん。色ムラが出ないように同じ力加減で刷毛を動かします

- 03-3987-0701
- 新宿区西早稲田3-6-14
- 10：00～12：00、13：00～16：00
- 土日祝休館

MAP P60⑤

伝統の「注染」染めで手ぬぐいを作ろう

手《て》拭《ぬぐい》実《じつ》染《せん》塾《じゅく》

「注染《ちゅうせん》」という、染料を注いで染める手法で、手ぬぐい作りを体験できます。関東注染工業協同組合と東京和晒株式会社が、注染の伝統技術の継承と後継者の育成を目指して、月一回日曜日に開講。熟練の職人さんから直接指導を受けながら、一日かけて約十本の手ぬぐいを染めていきます。今回体験するのは、指導を受けながら手ぬぐいを染めていく「通常コース」。他に、自分で染めを行う「自習コース」と自らデザインした型紙作りができる「型紙コース」があります。注染の現場を直接体験できるとあって、夏場は、ほぼ予約でいっぱい。受講後に注染工場に就職、職人さんになった人もいるそうです。

通常コース

染める型紙は毎月、決められたものを使用。今回はあじさい柄

木枠に型紙を固定後、木綿の白生地を広げた上に木枠を下ろします。その上から、ヘラで海藻から作った防染糊を塗ると、糊のついた部分が防染されます。糊が均一にのるように力を調整して

塗り終わったら、型紙を上げ生地を折りたたみ、再び型紙をのせ糊を塗っていきます。ぴたりと柄があうように、布を繰り返し折り返します

表面にオガクズをかけ、糊を固定した後、必要な部分だけを染めるため、防染糊で土手を作ります。ホイップクリームを出すようなイメージで

糊の土手の中に薬缶で染料をたっぷりそそぎます。台の下にある減圧タンクが染料を下から吸引することで、手ぬぐいに染料が浸透していきます

水につけて手洗い。丁寧に糊を落とします

できあがり!

洗い終わった生地を青空の下、自然乾燥させて完成！　切りっぱなしの手ぬぐいだから乾きも速い

■ 03-3693-3333
■ 葛飾区立石4-14-9（東京和晒内）
■ http://www.tezome.com/
MAP P61 ⑳

手拭染め体験（通常コース）

■ 16,000円（指導料＋生地、染料、糊、水道光熱費）
■ 月１回日曜日の9：30～17：00に開講
自習コース8,000円、型紙教室16,000円
※HPからメールまたはFAXにて申し込み

「染のまち・落合」で職人技にふれる

染の里 二葉苑の染色体験

大正九年(一九二〇)創業の二葉苑は、「染のまち・落合」にある、江戸小紋と江戸更紗を染め続けている数少ない工房の一つです。江戸時代から続く職人たちの技に触れて欲しいと、テーブルセンターを型染めする体験教室をはじめ、熟練の職人さんから染めについて学ぶことができる染色教室を行っています。染色教室は、手挿しコースと型染めコースの二種類。どちらも描く図案を決め、染め、蒸し、水洗いまでの全工程を半年にわたってみっちり習うことができる、本格的な教室です。

体験教室

職人歴10年の中野史朗さんに、江戸更紗の技法について教えてもらいます

体験教室では、12枚の型紙（写真上）と６色の染料（写真下）を使い、江戸更紗のテーブルセンターを染めていきます

型紙を対角線上にある星に合わせてから、「ぼたん刷毛」という丸い刷毛をすべらせるように染料を摺りこんでいきます。均一に色がのるように、型紙をめくりながら色の濃度を確認します

２枚の型紙を使い同じ色を染めることで、色の濃淡が生まれます。力の入れ具合により色合いがかわるのも、型染めのおもしろさです

できあがり!

12枚の型紙を塗って完成！
型紙を多く用いることで、作品に立体感がでました。通常の江戸更紗では、30枚以上の型紙を使うため、一反の着物を染めるには300回以上染めなければならないそう。根気と技術のいる仕事だと実感！

江戸小紋と更紗を使った小物を販売するギャラリー＆カフェを併設しています

- 体験料2,500円
- 火～土曜日の14：00～15：00に開講
  ２日前までに予約、１日５名まで
- 染色教室は、手挿しコース38,000円、
  型染めコース40,000円
  どちらも月１回計６回

03-3368-8133
新宿区上落合2-3-6
http://www.futaba-en.jp/

MAP P61 ㉑

一日友禅体験教室

優美で粋な東京手描友禅を自分の手で

東京手描友禅工房 協美《きょうび》 友禅教室

下絵、糸目糊置きがされた半襟から好みのデザインを選びます。宝づくし、梅、菊、紅葉など、図柄を見ているだけでも楽しくなります

伸子（しんし）と言われる道具を使って生地をピンと張った後、色見本帳を見ながら、半襟に挿す色を選びます。大澤学さんに相談しながら、色を決めていきます

５色の染料を調合して、自分の好みの色を作ってくれます

金糊で描かれた下絵から染料がはみ出さないように注意しながら、彩色。「薄い色から挿すのが基本だね」と大澤敏さん。丁寧に指導してもらえます

京友禅、加賀友禅と並び称される東京手描友禅。優美な友禅の雰囲気を残しながら、江戸らしい粋と洒落感を大切にしているのが特徴です。東京手描友禅工房の協美では、東京都伝統工芸士の大澤敏さんと学さん親子による一日友禅体験教室と友禅教室を開講しています。一日友禅体験教室では、数種類の模様の中から好みの柄を選び、半襟を彩色。友禅教室では、下絵、糸目糊置き、彩色、糊伏せ、地染等の全工程を学びながら、着尺や帯、ストールなどを作っていきます。本格的な手描友禅を学ぶことができる、東京でも数少ない教室です。

- 03-3954-3331
- 新宿区下落合4-6-17
- http://www.yu-zen.net/

MAP P61 ㉒

４～５時間かけて完成！ 彩色した半襟は、蒸し、水洗、湯のしの処理をした後に、郵送で手元に届けられます

友禅体験教室

- 6,000円（素材・材料・送料込）
- 年２回開講13：00～17：00
  ５名以上の場合、別日開講

友禅教室

- 入会金10,000円　講習料１回4,000円
  素材・加工代実費
- 毎週火・木・土曜日、隔週日曜日の13：00～17：00に開講

糸染めからはじめる手織り教室

手織教室はたおと

昭和四十七年(一九七二)より開講している手織り専門のスクールです。糸から染め上げて、糸繰り、整経、綜絖(そうこう)、織りまでの全工程を教えてくれます。一人一台の織り機を使い、カリキュラムにそって、テーブルセンターやマフラーからはじまり、着尺や帯地などを織っていきます。一反の反物を織り上げるのには、早くて半年、糸の染めから入ればそれ以上かかりますが、出来上がれば感動もひとしお。裂織りのランチョンマットを織る体験教室(体験料五千円)もあります。

手機や道具が並ぶ中、教室内には「ガッシャン、トントン」と生徒さんによる機織りの音がゆるやかに流れます

埼玉県入間にある毛呂山校で糸を染めます。藍やサクラ、ケヤキ、モッコクなどを使った草木染めは、やさしい色合い

「カラカラという糸繰りの音が好きで手織りをはじめました」という冨樫さん

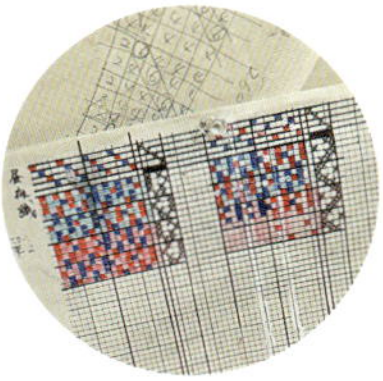

織柄のデザインを見ながら、経糸を一本一本、綜絖という針金状の装置に通していくベテランの日野さん

教室を主宰する丹治好一先生と生徒の皆さん。織物が大好きな人々が集まる、アットホームでなごやかな雰囲気です

「経糸に緯糸を入れることによって全く違った色合いになるのが織物の魅力」と話す石坂さん

東京校

■ 入学金30,000円
授業料月額12,000円(月２回)
材料費実費、他管理費、作品展準備金、事務通信費
■ 水・金・土・日曜日の10：00〜17：00に開講
水・金曜日は夜間コースあり
※埼玉県毛呂山と群馬県大間々にも教室があります

■ 03-3861-5218
■ 台東区柳橋1-30-5 KYビル301
■ http://www.hataoto.com/
MAP P61㉓

索引

雨宮 みずほ（あまみや みずほ）

山口県下関市生まれ。大学4年間を京都で過ごし、街歩きや日本の手仕事に興味をもちはじめる。卒業後、東京にて会社員生活の後、フリーライターに。2〜3年前から着物に目覚め、普段着物を中心にゆるゆると楽しみながら着物生活を実行中。

【制作スタッフ】

撮影　竹田武史
写真協力　仲田文　難波純子
モデル　佐藤蕗野　野村郁実　平賀真弓
協力　佐藤文絵　喜多泰子
デザイン　小野ゆう子（ニューカラー写真印刷）
地図　西田幸晴
制作　合田有作（光村推古書院）

東京きもの案内

平成23年4月1日初版一刷発行
編著　雨宮みずほ
発行人　浅野泰弘
発行所　光村推古書院株式会社
〒603-8115
京都市北区北山通堀川東入ル
TEL 075-493-8244
FAX 075-493-6011
http://www.mitsumura-suiko.co.jp/
印刷　ニューカラー写真印刷株式会社

ISBN978-4-8381-0441-3

本書を制作するにあたり、取材にご協力いただいた各ショップの皆さまをはじめ、ご協力いただいたすべての方に、心より感謝とお礼を申し上げます。